風雨八十年

一 從小兵到教授的故事

莊　政　著

傳　記　叢　刊
文史哲出版社印行

國家圖書館出版品預行編目資料

風雨八十年：從小兵到教授的故事 / 莊政著.
-- 初版.-- 臺北市：文史哲, 民 105.07
　　頁： 公分.（傳記叢刊；19）
　　ISBN 978-986-314-309-3（平裝）

1.莊政 2.台灣傳記

783.3886　　　　　　　　　　105011550

傳 記 叢 刊　19

風 雨 八 十 年

—— 從小兵到教授的故事

著　　　者：莊　　　　　　　政
出 版 者：文 史 哲 出 版 社
　　　　　http://www.lapen.com.tw
　　　　　e-mail：lapen@ms74.hinet.net
登記證字號：行政院新聞局版臺業字五三三七號
發 行 人：彭　　　正　　　雄
發 行 所：文 史 哲 出 版 社
印 刷 者：文 史 哲 出 版 社
　　　　　臺北市羅斯福路一段七十二巷四號
　　　　　郵政劃撥帳號：一六一八〇一七五
　　　　　電話886-2-23511028・傳真886-2-23965656

實價新臺幣四八〇元

2016 年（民國一〇五）年 七 月 初 版
2017 年（民國一〇六）年 五月修訂再版

民國 36 年 8 月入
伍青年軍攝於天
津中國照相館

民國 37 年攝於
北京西苑

民國 43 年攝於
政工幹校

民國 40 年 5 月在政幹
班與朱益民同學合影

作者年輕
時所攝

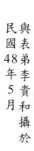

民國 48 年 5 月　與表弟李貴和攝於

民國48年春攝於台北市
白光照相館中

民國 48 年春攝於高雄市
愛河旁（飛彈營服役中）

民國 53 年攝於台北市

民國 55 年在金門太武山前留影

民國 54 年攝於台北

民國 54 年攝於台北市

作者夫婦合照

新婚合影於高雄市

民國 58 年 4 月合影

民國 57 年 6 月攝於淡江文理學院校園

民國57年在台北新
公園合影留念

民國58年4月12日在台北
新莊迎親時與新娘合照

民國58年4月12日在台北
市於山西餐廳與家人合影

作者夫婦與岳父（左一）合影

作者夫婦與與長女

民國58年攝於台北

民國 64 年與幼女宜文合影

民國 66 年 6 月在國父紀念館
獲頒師大教育學碩士與內人
申時方合影

民國 66 年接受碩士學位時與家人攝影於師大校門前

民國 66 年接受碩士學位於師
大圖書館孔子像前留影

民國 66 年 6 月獲師大教育碩士

與內弟申時平、長女宜君攝於台南億載金城炮台

全家福攝民於民國 65 年

作者與岳父合影於圓山大飯店

作者民國 77 年 1 月 20 日
在香港時攝影

民國71年作者以《國父生平與志業》（中央日報版）一書：獲國父遺教研究會學會著作獎，該會理事長陳立夫先生（時年85歲）親頒獎章與獎狀合影

慶祝師大師崔載陽博士85歲誕辰時，與師母及作者家人歡聚合影

攝於台北市家中　　　　結婚二十周年全家合影

獲頒教育部教授證書

作者於民國 78 年
攝於台北

作者攝於金門　　　　　　　全家福攝於台北市

民國 79 年 12 月 9 日攝於廣州孫中山先生銅像前

與內人合影於客廳

作者至南投佛教中天禪寺

民國 79 年 12 月 5 日在虎門
林則徐銅像前與胞姊暨堂兄合影

作者與師大台灣省屬三民主義教師進修班第七期
同學合影（民國 71 年入學 74 年結業）

民國 86 年接受博士
學位攝於客廳

民國89年9月1日攝於台北市郊區姐夫沈文瀾、內姐申時元與作者夫婦

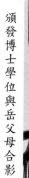

頒發博士學位與岳父母合影

「徐大姑與我」見本書115頁

與岳父母等親戚合影

作者接受中山學術博士論文獎
時與中國近代史專家學者李雲
漢教授合影

獲頒民國86年中山學術博士論
文獎與孔德成博士合照

全家攝於澳洲

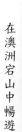

在澳洲岩山中暢遊

作者全家赴澳洲

在台北舉行「莒光日」演講時攝

作者於民國 89 年 1 月 21 日
出席學術會議時留影

作者畫像（王 鑫碩士繪圖）

指導師大博士生邱騰
緯撰寫論文《蔣經國
人格特質與台灣政治
發展》，民國 96 年 6
月通過口試

北大歷史學系演講時留影
右為丁永詳先生

接受北大孫中山思想客座
研究員聘書

與北大徐萬民教授及授課
研究生合影

與北大郝平教授互贈書籍（郝博士曾任教育部副部長）

在北京大學演講

民國89年4月受聘講學

在北大演講時聽眾神情

作者應邀至北京師範大學歷史學系講述

專題演講時與魏英敏教授合影

與中國人民大學演講時所攝

作者應邀至北大座談會演講時攝

作者應邀至北大演講時攝，左二為哲學系魏英敏教授，右為胞姊莊立永女士

與侯建新教授在天津師範大學座談時

與二姊和永及姊夫、三姊立永合影

作者與堂叔及堂弟等在山東濟南時合影

岳父申公慶璧博士近百歲
高齡敘述往事

作者攝於台北市中央黨部大廳前

徐中煜
（北大法學博士）

徐萬民
（北大歷史學系教授）

王曉秋
（北大歷史學系教授）

歐陽哲生
（北大歷史學系教授）

劉光彩
（北大哲學博士）

王天有
（北大歷史學系教授兼主任）

莊政（台灣師範大學兼任教授）

丁永詳（企業家）

五人合影於民國 76 年（1987 年）宋慶齡基金會
（中間係孫中山先生之後裔）

作者攝於北大畢業生家中　　　　　攝於上海市孫中山先生故居

紀念外祖父李兆珍先生座談會與眾親戚合影

全家福合影（後排中：女婿韓端勇）

作者與北大畢業生曹玉騫合影於
石家莊（曹君獲北大法學士後，
嗣在香港中文大學獲碩士學位）

作者於民國 101 年 9 月 7 日
攝於北京天壇

作者於天津市梁啟超紀念館在
梁氏銅像前所攝（民國 101 年
9 月 10 日）

多年前作者閱《秋燈瑣憶錄》有所感觸記之

人生百年夢寐　居半愁病居半

禔祸垂老之日　又居半所僅存

者十一二年況　我輩蒲柳之資

猶来必百年乎

謹錄将坦秋燈瑣憶錄

作者與好友於民國 101 年 9 月 26 日在
台北市東門餃子館合攝

民國 104 年 6 月全家福，攝於華山文創園區

民國 106 年 3 月作者病重中，來台探病的三姐（前排右）、外甥（後排左二）及家人合影

作者畫像二（王　鑫碩士繪圖）

風雨八十年

― 從小兵到教授的故事

目　　次

由七七抗戰回憶在天津種種

前　言

　　「七七」是一個多麼慘痛的日子！凡是現今中年以上的人，除了極少數的例外，有誰能夠絲毫未受八年對日抗戰的影響？國破家亡、妻離子散、流離顛沛、孑然一身者，可謂比比皆是，姑且不論。縱使僥天之倖，生命財產並無損失，而慘酷的戰爭在人們心中烙印的無數創傷，單就人們應具備的心理健康而言，又何嘗不是一種難以彌補的缺陷呢？

　　由於「七七」給我們帶來的震盪是史無前例的，在那血淚交織的多難歲月中，身臨其境者多有一段不平凡的經歷。尤其是各界的領導階層，他們的回憶紀實，若經濾化之後，則可成為珍貴的史料，口述歷史、傳記文學之所以

很有價值，大有造於人文社會者，原因在此。
筆者乃亂世孤雛，不過是一個大時代中的小人
物而已！尤其是在抗戰期間少不更事，所知所
見實屬有限。讀者若看慣了名人傳記，再讀本
文，很可能會產生人微言輕、野人獻曝之感，
惟其「無君子莫治野人，無野人莫養君子」（孟
子），況且在這「以量取勝」的民主社會中，
野人畢竟較諸君子要多得多。那麼，本文也許
能代表沉默的大多數而曾歷經抗戰者的心聲，
所述史實，一鱗半爪，說不定能為現代史提供
些許史料。

繁華都市頓變死城

　　我的原籍為福建閩侯，而生長在天津市，
本文以天津為背景。天津是我國僅次於上海的
第二大都市，抗戰前到處所呈現的是一片繁華
景象，尤其是通往河北金鋼橋必經之地官銀號
那一帶密聚的商業區，經常是人山人海，熱鬧
非凡，行人如過江之鯽，不免要磨肩而過。那
兒有很多久享盛名的食品店，如稻香村裡的熏
魚，風味絕佳，令人垂涎！每逢秋冬之際，幾

家店舖當街起灶，現場「表演」糖炒栗子，十分香甜可口，而且物美價廉，老幼咸宜，嗜食此物者多矣，尤以兒童為最。（按盛產栗子區為津門附近的良鄉，運售至天津。）

我家向居天津河北黃緯路四馬路，那兒十之七八是公教人員的住宅區，白天大街上人車不少，可是並未達到車水馬龍的盛況，胡同（巷子）裡經常有各行各業的小販叫賣聲，由於發音有陰陽頓挫高低之不同，頗富音樂之美，而少「噪音」之感。入夜之後，大街道上的兩旁擺滿了各式各種的攤販，一擺就是數里之長，萬家燈火，夜市如晝，市民往來，有的穿梭其間，有的駐足而觀，到處洋溢著一種安樂祥和的氣象。可是曾幾何時，日本軍閥侵略的戰火蔓延津門，驅走了寧靜的歲月，摧毀了美好的社會，從此帶來了一連串噩夢似的悲劇。

盧溝橋事變不久，緊接著就是天津的淪陷，國軍於七月三十日撤出，我們再也仰望不到那身穿灰色軍服、踏著整齊步伐、慷慨激昂引頸高歌的國軍部隊了！偌大的天津衛竟然變成了沒有自己的武力捍衛的孤城了！此時此地的百姓們，正如同在人海中失去了母親的孩

子，茫然無助，失聲痛哭！除此之外，那滿懷的悲悽又能向誰傾訴呢？日本的軍隊終於開進了天津，那一群群矮小卻粗壯的東洋官兵，各個配有現代化的武器與裝備，昂首闊步邁向津門，如入無人之境。那坦克車發出的聲音，有如千萬匹凶猛的野獸在怒吼，震耳欲聾；漫長的車隊一走就是個把小時，顯然地日本軍人有意在展示他們那強大的武力，先給咱中國人來個下馬威。這使市民們，尤其是跟著大人的孩子們，看得更是口呆目瞪，不知所以。睹此景狀，祇是本能地存有恐懼心理。當然，真正憂慮的還是那些成年人，尤其是在機關裡做事的（平津一帶百姓慣稱公教人員的代名詞）那群知識分子們，大多終日愁眉不展，自然而然地也就影響了他們子女底心情。如今想起那些老早就失去了童年應有的歡樂的人們，其精神上的損失可謂相當慘重，他（她）們如今都已變成中年以上的人了，萬劫餘生、苟活迄今，該是多麼的不易。正因為他們是在非常時期度過的，十之八九心理的發展不太正常；可是其國家觀念與民族意識卻不讓今日青年。

　　不久天津中國地（指非外國租界區）的重

要機關及學校等多處被日本軍用飛機轟炸，著
名的南開大學被炸得面目全非，因為該校師生
愛國心切，南開幾乎成了北方抗日的精神堡
壘。故為日軍轟炸的主要目標之一。猶記座落
在河北的天津地方法院大門前被炸成一個大
洞，足有幾丈之縱深，行人經過於此，不免膽
戰心寒，好像死神隨時向人們招手。每逢空襲
警報，市民倉皇異常，扶老攜幼，四處逃命。
記得一日，母親與我姊弟三人逃難，跟無數的
難民躲避在一座偌大的建築物的樓上，席地而
臥，驚恐萬狀，幼小底心靈初嚐流離失所的苦
味兒，越發覺得家是多麼的溫馨，可是無情的
戰爭終於不免使我們落得家破人亡。

　　不停的戰火給天津帶來了一片動亂，治安
機關青黃不接，致使若干不肖之徒趁火打劫：
我家附近的幾家商店竟遭歹徒搶劫，甚至因格
鬥而致人於死，總之社會紊亂至極，人民的生
命財產俱無保障可言了！有錢有勢有辦法的早
已逃到租界去了，無異進入了避風港，等於逃
到外國安全地帶差不多。而一般中下層社會的
小市民欲走無路、欲逃無門，祇好廝守老家，
任人宰割，竟日在黑暗恐怖中拚命掙扎而已！

我清楚記得：日軍剛剛侵佔天津時，重要街衢皆有日本兵站崗，有一陣子非得手持日本旭旗不得通過。想想看：身為中國人在中國領土上，偏偏強迫你持日本旗才能行動，這還有什麼人格尊嚴可談呢？宜乎一位學者曾說：「如果沒有國家，即使連做人的尊嚴都沒有。」一點也不錯。

　　我的外婆家住在日租界秋山街，那是一座很宏偉的兩層樓房，前後都有寬敞的庭園，是我們散步或遊戲的好地方。母親不時帶我們去外婆家，在那兒有好的吃、有好的住，更重要的是不必再受戰爭的威脅，得享一陣子短暫的安全感。不過自從日軍佔領天津之後，在市中心中原公司（當時天津最大的百貨公司，雖然祇有七層樓，但每層都很高，一層等於現今臺北大廈的兩三層那麼高）附近，搭有一座蓆蓬，作為往來通行的檢查站。規定凡從中國地進入租界的市民，無分男女必須經過嚴格的檢查，並經多方面的盤問，認為毫無問題後始得放行。聽說女性被檢查時，從頭到尾，都被搜身，甚至隱私之處都不放過。日本人無視我國人民的尊嚴，一至於此，其實這不過是千萬分之一

的例證罷了！

動亂中的「世外桃源」

　　打從「七七」之後，在天津挨過年把苦難的日子，由於父親工作的關係，我家避至天津縣小站鄉間居住。經過了幾度舟車的勞頓，我們方始到達目的地。在此值得一述的是：當時所乘的大木船好像是臨時搭便船的性質，乘客置身於船艙裡，船主大可不管吃飯問題，然於開飯時間，他們煮了一大鍋的麵條，主動而誠摯地招待我們全家，而且堅決不收分文，雪中送炭，讓我們甫離都市，還未到小站，就先享受了人情的溫暖，一飯之恩，終身難忘！後來我們登岸改乘騾馬拉的車子，後邊是木料製成的座位，車頂及窗戶相連，有點像美國開拓初期的蓬車，惟其面積較小，人貨俱塞其內，由於顛簸得很厲害，稍一失慎，頭碰車壁，很痛得慌，令人好氣又好笑！

　　小站是天津縣屬的一鎮，後稱新農鎮，實則農耕地佔絕大的面積，那寧靜、安謐、空曠的鄉村比比皆是，農民十分誠懇，樸實而憨厚，

特富人情味兒，凡對外地遷徙而來者，不但絕不欺生，且表由衷歡迎。我家既遷小站，乃屬暫居性質，就在臨近市鎮旁，覓租兩間土坯子（鄉間以木板做成類似磚模，以土和水成泥灌進，俟曬乾後，將模子取下，即成為土磚，用之築屋）搭成的房子，窗戶則由許多小型木框格成，上邊糊以白紙，既擋風又能採光，別有一番風味。

　　所有鄉間的房子差不多都是這樣的：一進大門即是院子，左右兩排房舍，每戶一門，進門後緊貼臥房牆壁的就是爐灶。有洞可直通磚砌炕舖，每值冬天，隨便在外邊撿拾一些柴火堆積室內，燒晚飯時，熊熊的柴火，很快將傳熱於炕，再裹以棉被，墊著棉褥，睡在其中，溫暖無比，較在都市裡冬天開暖氣睡覺，要舒服而寫意得多了！

　　我們剛搬進鄉間的第一天，附近四面八方的鄰居皆不約而來，爭相探望，幾乎每家都帶來一些「見面禮」── 送些紅豆、綠豆、黃豆等農產品，雖然這都不是什麼貴重的禮物，然而卻是農民們終年辛勤的心血結晶，真是「禮輕情意重」。更令我們感動的是：鄰居一位大

哥偕同幾個跟我歲數差不多的小友們，自告奮
勇要到附近小河邊替我家捕捉活魚，我們欣然
帶了幾只臉盆，跟他跑到河邊，在那清澈的河
水旁邊，穿梭的魚隻歷歷可見，然而若要抓到
活魚卻不是想像的那麼簡單，尤其是頭大、尾
扁，渾身帶有黏質的鮎魚，最難捕捉，往往抓
到在手，馬上又被溜掉。我們這群孩子，一邊
捕魚，一邊戲弄，盡情玩耍，樂在其中，頗能
做到「寓捕魚於娛樂」。幸賴那位大哥的技術
甚佳，沒有多久，居然能逮到幾臉盆的活魚，
大夥兒滿載而歸，頗有一種不虛此行的成就
感。後來他們一直幫我們送回家後，掉頭就走。
天津衛的「貼餑餑熬魚」久已聞名遐邇，母親
尤其擅長烹飪，每次熬的魚，都是香味四溢，
令人垂涎三尺。那天晚上我家熬了一大鍋魚，
因為魚多，其味特香；用小站稻蒸出的乾飯，
顆粒如珠，非常可口。鄰居兒童們都投以欽羨
底眼光，注視著我家的菜飯，原來小站雖然盛
產著名的稻子，而小站人平時能享受此種恩物
者卻是百不一見。相傳前清之時，小站稻是專
供皇室貴族們食用的。當地人民平時吃的是五
穀雜糧，非等到逢年過節，壓根兒見不到什麼

白米白麵。這與都市生活水準相差甚遠。

　　當時在小站鎮裡，每隔七天趕一次集，屆時上午來自不同地方的人兒們，各自攜帶著用自己血汗換來的工農類的產物，紛紛湧向鎮上的兩道街旁，將所携物品往地上一擺，很快地形成無數的流動性的攤位，他們所陳列的東西其目的非盡是待價而沽，卻多屬以物易物。凡是涉足其間的成年男女，幾乎都攜帶著自己的產品，不管是穀物或器具等日常用品之屬，而去趕集，到處張望，好像打獵似的去尋覓自己所需要的東西，然後把所携帶之物拿出來，跟對方商量交易，如果彼此同意，立即以其所有換其所無，這也許就是「各盡其能，各取所需」的原始共產社會雛型之一種吧？

　　每逢趕集之日，也是最熱鬧的時刻，兒童們趁此良機，結伴前去觀賞那百業各行相互交易的實況，已是興致盎然；而各式各樣的小吃攤子櫛比鱗次，各種風味幾乎都有，招引了一批又一批的遊客（也是食客），給小鎮的集市上又憑添別致的一景。我清楚地記得：趕集時，街旁攤位上買「燜子兒」的很多。所謂「燜子兒」是天津的土話，其主要原料是用綠豆做成

的涼粉，狀似豆腐，而呈半透明狀的淺綠色，攤販將其切成小塊兒，在平底鍋上用文火油煎，等表面略呈焦黃色，以鏟子置於碗中，再拌以芝麻醬、蒜泥、醬油、醋等佐料，即可飲食，物美價廉，味道甚佳。尤其是盛暑時令，食後不覺陣陣清涼，相傳具有防暑卸熱功能。

一個蕭瑟的秋天，我們姊弟三人跟著幾個小友，商量好了，毅然前往離家十里左右遙遠的小站營盤（清季袁世凱練兵的大本營基地），那是一片龐大的營區，完全是用鋼筋水泥築成的高大營舍，連士兵們睡覺的通舖也都是水泥砌成的，在當時的物質條件來說，這已是十分高級的了。由於這座營舍久已無人居住，不見煙火，雜草叢生，一片荒涼；高聲吶喊，即聞回音，顯得深沉，益增恐懼；相傳此一空曠幽冥的營地，每值半夜三更，經常有鬼出現，言之鑿鑿，煞有介事，令人聞及不禁膽戰心寒，毛骨悚然！可惜我那時還在稚弱之年，否則當可仔細觀賞北洋軍閥的老巢之種種建築物，遙想當年，若能多拍一些照片，也許可為研究中國現代史者提供部分史料呢！

在小站鄉間入夜後經常有類似土匪者流騷

擾地方，他們居然也穿制服，配有武器，專門找家境較佳者下手，搶劫財貨，甚至致人於死。民間既不敢怒，更不敢言，管他們叫「撬子」，老太太慣以五指彎曲舞動的手勢來形容。一聽說「撬子」來了，趕緊關起大門，熄滅油燈，屏息而傾聽動靜。大人們哄孩子們睡覺，往往以「撬子來了！」邊哄邊嚇唬，居然也能發生催眠的作用。想來「撬子」很可能是土八路。好在那時日本軍閥侵佔天津不久，衹因他們的兵力不及，無法到達這偏遠的鄉下，否則，老百姓的苦頭可有的吃呢？

　　跟許多北方的鄉間一樣，在抗戰前後，小站還是非常落後的地區，鎮上商家入夜以汽油燈或煤油燈為照明工具，而且打烊甚早；鄉下民間所燃的都是豆油燈，一盞螢火似的燈光，讓人度過那漫長而慘淡的黑夜！最妙的是，鄉巴佬從未看見汽車，從未聽過收音機。相傳忽然有一天大型貨車初次經過，人們都非常驚訝：為什麼房子（車身）還能開動；收音機傳出唱戲的聲音，竟然有人表示懷疑：如此小的話匣子（北方鄉下管收音機叫話匣子），怎麼會裝那麼多的戲子跟吹鼓手等人？讀者諸君，

看到這裏，也許覺得筆者底話荒唐不經，有意損人，實則這都是千真萬確的事實。君不信，可找前在北方鄉間生長的人們問個明白，當可證實是否果有此事。

雖說如此，小站畢竟是值得懷念的，那人情的濃郁、那民性的淳樸、那鄉居的寧靜、那生活的寫意，……給我童年時期留下了甜美的回憶！我常想陶淵明筆下的「桃花源記」也不過如此吧？！可是後來父親因為工作的關係調返天津，全家也祇好重返都市，不得不離開已經與我們有了濃厚感情的小站和鄰居們，附近有些大嬸大娘潸潸然以淚相送，那種感人的場面，事隔數十年，仍然深刻我心中。

日寇侵略家破人亡

猶記民國二十八年的暮春季節，我們全家回到了天津，也曾度過一段平靜安適的日子。可是好景不常，一連串的噩耗像狂風暴雨似的交迫侵襲而來，使全家大小立即籠罩於愁雲慘霧之中！先是五叔璐珂服役於海軍，在對日抗戰的上海戰役中，我艦不幸遭敵猛攻，五叔竟

被敵炮擊中，粉身碎骨，壯烈殉國，竟連屍體都找不到了！英年早逝，已屬不幸；遺有寡妻孤兒，際遇極為悲慘！父親這輩一向手足情深，最重義氣，雖然遠隔南北，相距數千里，經常通信存問，互通有無。父親居長，五叔最幼，大哥與小弟間感情尤其親密。五叔陣亡的消息傳來，素稱健壯的父親精神受到嚴重的打擊，終日困坐愁城，一語不發，經常借酒澆愁，酒未減，而愁更愁！就在民國二十九年的春節前的一個雪夜中，父親下班返家，途中因路滑跌交，畢竟年事已高，回家後週身不適，不久語言維艱，奄奄一息，等醫生趕來時，已告不治。全家大小哭成一團，母親悲痛欲絕，二姊哭得眼睛都腫了。從此我家六口生活頓失依憑。在親戚中雖然不少有錢有勢的，惟其同寅之家，每乏情誼，一門孤寡，備嚐辛酸，於今思及，猶有餘痛！自從父親去世後，體弱多病的母親負起了全家生活的重擔。由於外祖在前清有功名，學養深厚，重望士林，曾兩度主持安徽省政，家學淵源，母親頗能知書達禮，能寫一手好字，很想找份抄寫差事，彌補家計，但未成功。生活也就越來越困苦了！不久母親

竟在貧病交迫中去世，遺下我們兄姊弟妹五
人，日後遭遇之慘，真是不忍卒述！

　　抗戰期中，我正在天津讀小學，那時物資
奇缺，連棒子麵兒（玉米粉）做的窩窩頭兒都
不容易吃得到。記得我們的級任老師張伯欣先
生跟音樂老師張惠賢先生（北方尊稱從事公教
的女士為先生）結婚時，竟以雜麵（綠豆做的
麵條）為原料作的炸醬麵來待客，其困窘狀，
可以想見。猶記糧食最缺乏時，連窩窩頭都吃
不到了，不曉得學校從哪兒弄來一些餵牲口用
的豆餅、花生餅擺在操場，老師們手拿鎯頭，
大夥兒排隊領取食物，老師見一人則敲一塊，
同學們領到豆餅或花生餅後，一邊啃著吃，一
邊以溫水送嚥。不久，一幕更慘的悲劇出現了：
祇因營養不良，缺乏油水，很多人患了夜盲症；
還有很多人大便乾燥，數日無法通便，痛得在
廁所裏直打滾兒，不得已只好服用「瀉鹽」來
通便。

　　想來當時的物質生活苦到極點，再粗糙的
食物，只好忍淚下嚥，不過維持生存（不致於
死）而已！其他如衣服、住宿等生活條件也跟
吃的差不多，若非基於人類求生的本能，怎能

捱過去呢？我真疑惑那種日子是否屬於人間所應有？雖說如此，那時我們的精神生活卻很充實；當時小學二、三年級就非得學日語不可，我們那個男女合班的四五十個同學，幾乎無人願意學。上課時大家敷衍了事，下課後，日語老師在前面走，同學們交相於其背後指著罵：「漢奸！」「漢奸！」我們人在天津，心卻朝向「重慶」。老師們也經常在授課時講些愛國故事，如端午節是紀念屈原自投汨羅江；八月中秋是紀念漢人齊心殺韃子等等，一語雙關，言不盡意，卻能十足勾起同學們的共鳴。越是在敵人的砲火威脅下，每個人都擁有滿腔的愛國熱血、一副象徵民族正氣的赤膽忠心！這決不是日本人的槍砲所能屈服得了的。

　　記得那時的老師皆有一種嚴肅的使命感，而多能視富貴如浮雲。對學生們的要求十分嚴格，學生對老師既敬且畏。津門有一不成文的學風，人們都存有一種不盡合邏輯的觀念：對書法很重視，認為國文好的就是好學生，字寫得好的國文就好！基於此一習慣，從小開始，學生們即勤苦練習大楷、小楷。天一亮就從窗口爬進教室（門已鎖），磨墨練字；上課時也

常寫毛筆字，老師要求全力緊握筆桿，全神貫
注寫字。老師有時從你身後悄悄觀察，如猛一
用力若把你的毛筆奪走，緊跟著就是一記耳
光。現在想來：這是否合乎教育方法又當別論。
反正經過如此嚴格訓練，確能深深地打下了書
法的根柢，我的字還能拿得出去，泰半種因於
此。

勝利後的另一悲劇

　　經過八年漫長而艱苦的歲月無情的煎熬，
國人渴望已久的抗日勝利的夢想終於實現。那
是民國三十四年的八月中旬，當天津各廣播電
臺播放日本無條件投降的消息，許多市民還蒙
在鼓裏，不敢相信！但，事實畢竟是事實，收
音機不斷地廣播盟軍全面勝利的喜訊，報刊上
的白紙黑字更證實了此一鐵的事實！這時候，
大街小巷，鞭炮之聲不絕於耳，人們見面後互
道恭喜，個個笑逐顏開，合不攏嘴兒。各種商
店行號幾乎無不自動地大減價；街道上擠滿了
擺攤子的零售貨物，扯著嗓門兒直在吆喝；百
貨一齊直線狂跌，過去祇能買一包香菸的錢，

現在居然可買到七八包；其他物品的價格也多類似的下跌，此情此景，畢生難得一見。

　　最令人感動的是市民熱烈歡迎國軍的場面：成千上萬的人不約而同的擁向天津火車站，將整個車站擠得熱鬧非凡，大夥兒從清晨到中午、從中午到夜晚，一等再等，痴痴地等，每次經過一列火車，萬頭亂鑽，尋尋覓覓，遍視車內，看看是否有穿軍服的國軍官兵們，結果越等越著急，越急越不來！倒是美軍搶先抵達天津，市民仰望人高馬大、裝備優良的美國大兵，不禁翹起大姆指來，猛喊「哈囉！」「頂好！」老美則慣於伸出右手的中食指，以「V」字形表示勝利之意。過了三天，好不容易等到了國軍，始則大家欣喜若狂，真是萬眾歡騰，繼則一瞻國軍「風采」，令人不免在心理上打了折扣：原來在牟廷芳將軍率領下的陸軍第九十四軍官兵多是兩廣籍的部隊，比起北方大漢來，一般而言，他們的個子顯得矮小，而且服裝也不整齊，他們扛著輕重武器，穿著黑色黃底的膠鞋，走起路來似乎缺乏軍人應有的那種「雄糾糾、氣昂昂」底氣概！何況他們操的是「南蠻鴃舌」之音，在語言上無法與老百姓溝

通，久之感情越來越淡，甚至難免有誤會發生。
兩廣籍官兵多半性情悍直，說話常帶不堪入耳
的「三字經」，天津人雖然不懂廣東話，然對
粵語中的「三字經」卻十分敏感，一聽就懂。
南方人輒拿「三字經」當家常便飯，可是向重
名節的北方漢，有的却因對方辱及人格，一言
不合，很想跟你拚了！再說，抗戰結束，一般
接收人員及官兵往往不免被勝利沖昏了頭，他
們時而恣意驕縱，飛揚拔扈，無視民眾，目空
一切。動不動就責斥市民，說什麼「你們所受
的是奴化教育！」「老子抗戰八年……」等等
之類的挖苦話，實在讓人受不了！本來勝利之
初，天津市三輪車同業工會約定：三天之內，
凡是國軍官兵乘車，不管路程遠近，概不收費，
以示尊敬；三輪車伕且以國軍乘坐為榮。可是
後來部分官兵竟吃慣甜頭，硬要坐「霸王車」，
類似之事，留給市民的印象很壞。國軍官兵進
戲院或電影院、乘火車、公共汽車、電車、輪
舟等，也很少有人買票；至於駐軍強佔機關、
學校、民宅者，所在多有，軍紀敗壞，一至於
此。尤其是那一羣又一羣身穿灰布衣裳、胸前
衣上釘有紅十字的傷患官兵們，缺胳膊短腿兒

的，拄著拐棍，每在公共場所中，一個不如意，就拿拐棍當作武器，打人罵人，什麼都來。時間一久，市民遇到傷兵都敬而遠之。他們成為特權中的特權階級了，誰也不敢得罪他們。想來這也是在大陸上失敗的眾多原因之一吧！

　　好在民國三十五年軍方在各地招考知識青年從軍，以被中共佔領地區而流亡失學的中學生為主要招考對象，挑選的過程與軍校招生差不了多少。規定體格檢查合格的才能參加筆試、口試。很可能是承繼抗日愛國情操的餘緒，許多知識青年決志投筆從戎，報效祖國，甚至有很多大學生也放棄學業，心甘情願去當一名大兵，他們既不是為了升官，更不是為了發財。後來絕大多數追隨政府播遷來臺，部分人員已成為軍中及社會的中堅分子，當時他們的表現比上述的接收官兵判若雲泥。

結　語

　　中山先生逝世之前，途經日本神戶，應五團體邀請，講演「大亞洲主義」，略謂：「亞洲文化為王道文化，以仁義道德為中心；歐洲

文化為霸道文化，以功利強權為中心，……吾
人要造成大亞洲主義，便應以王道為基礎，另
外又學歐洲科學以自衛。……日本民族即有歐
美霸道文化，又有亞洲王道文化之本質，對世
界文化之前途，或為西方霸道之鷹犬，抑為東
方王道之干城，是在日本國民慎擇之耳。」

　　一代聖哲的遠見，足以發人深省，無奈其
後日本軍閥一味擴張武力，竟然扮演了國際強
盜的卑劣角色。長期的消耗戰，縱令富甲天下
的超級強國也難以支持，而況地狹人稠、資源
貧乏的蕞薾小島？結果甘冒天下大不韙竟做出
損人不利己的罪行。還藉口什麼為求生存不得
不擴張地盤，實則現今日本領土較過去為小，
人口卻較過去為多，而能成為世界經濟大國，
足見求生存並非得訴諸武力侵略別國之一途不
可。日本其害中國久矣！中國人受日本人之害
慘矣！跟無數的同胞一樣，像我這樣的小人物
與日本有何冤仇？而我不過是受害於日本的中
國人中千萬之一而已！沒有日本軍閥的侵略，
我的五叔不會慘死敵人砲火之下，我的父母不
會因受嚴重的精神打擊，去世那麼早；自然我
兄弟姊妹五人也不會頓成亂世孤雛，寄人籬

下，受盡折磨！到後來死的死，失踪的失踪，全家七口只剩三人──兩姊與我。嗣因大陸淪陷，竟使無辜姊弟不辭而別，一晃過了三十三年，天各一方，永隔不見，人間悲劇，莫過於此。想來還不都是日本人作的孽！

《傳記文學》第三十七卷
第二期、總號 219 號
民國六十九年八月一日

風雨七十年

一、

　　我，只是大時代中的一個小人物，沒有什麼值得表述的；然而，了解我的友人中鼓勵我寫自傳的人卻不乏其人。著實而言，反躬自問：我不過是不甘墮落，尚能力爭上游的亂世孤雛之一而已……，個人鍥而不捨地拚搏，加上環境機遇，纔有今天的我。本文是我自傳的一部分，姑從抗戰艱苦歲月，其後從軍及來台後工作與求學經過三項切入。

　　「七七」是一個多麼慘痛的日子，凡是現今老年人，除極少數的例外，有誰能夠絲毫未受八年對日抗戰的影響？國破家亡，妻離子散，顛沛流離，孑然一身者，可謂比比皆是，姑且不論。縱使僥天之幸，生命財產並無損失，

而慘酷的戰爭在人們心中烙印的無數創傷，單就人們應具備的心理健康而言，又何嘗不是一種難以彌補的缺陷呢？

由於「七七」給我們帶來的震盪是史無前例的，在那血淚交熾的多難歲月中，身臨其境者多有一段不平凡的經歷，尤其是各界的領導階層，他們的回憶紀實，若經濾化之後，則可成為珍貴的史料，口述歷史、傳記文學之所以很有價值，原因在此。筆者乃亂世一孤雛，不過是大時代中的小人物而已，尤其是在抗戰期間少不更事，所見所聞實屬有限，讀者若看慣了名人傳記，再讀本文，很可能會產生人微言輕、野人獻曝之感。惟其「無君子莫治野人，無野人莫養君子」（孟子），況且在這「以量取勝」的民主社會中，野人畢竟較諸君子要多得多。那麼，本文也許能代表沉默的大多數而曾經歷抗戰者底心聲，所述史實，一鱗半爪，或能為現代史提供丁點史料，亦有助於今日青年對當時祖國的災難有些許了解。

有人認為從事科研和教學無異拿生命去賭博，而結果往往是九輸一贏；的確，走學術路線，是一條非常艱辛而漫長的旅程，即使拿到

最高的學位，充其量也只證明你有研究的能力，卻不能見得代表學術上的成就。以我的資質平庸和處境的坎坷，委實並不適宜在學術的殿堂插上一腳。可是我卻不自量力地步上此路，一往向前從不回頭。其間過程之曲折、經歷之艱辛，撫今追昔，殆不多觀。時光飛逝，忽屆古稀之年，捫心自問，若論成就，自慚形穢；惟苦讀力學之經過種種，或有可供青少年學子借鑑、參考之處，爰不揣冒昧與謭陋，秉筆直書，暢述一得之愚。

先在「自傳」（文言）中，摘述家世如下：

余原籍福建閩侯，民國二十年（一九三一）十月十日生於天津市一個靠工資維生之平民家中。

曾祖父鼎元公，前清進士及第（光緒三年丁丑科第三甲第六十四名），終身未仕，鄉居課徒；祖父俊英公，祖母江太夫人，生五男二女。先祖從事鹽務，壯年逝世；家道中衰，謀生維艱。祖母中年守節，撫育子女七人，備嘗艱辛，晚景淒涼。舅公江古懷先生為名書法家，

昔榕城（編者按：閩侯縣別稱榕城）商賈牌匾
多其手澤；賴舅公薦引，父輩或負笈京滬，或
從政於平津，頗能學以致用，繩繼祖志。父蔚
蒼公居長，習法政，擅文學，先後服務於外交
界及司法界，歷有年所。為人敦厚耿介，不屑
夤緣，嘗拒賄賂，清貧終老。

　　外祖父李公兆珍，福建長樂縣人。家貧好
學，日樵夜讀，晴樵雨讀，鄉試中舉，清同治
癸酉科舉人。歷任直隸望都知縣、開封知府、
審計院長及安徽省長等職。與閩人嚴幾道、林
琴南換帖。鄭孝胥、孝胾昆仲，從之受業；津
沽聞人嚴修、李純等，均名列絳帳；而與南開
大學淵源亦深。勤政廉能，素工書法，渾厚古
樸，清悅俊逸。西宮「頤和園」題匾，及北京
「古蓮華池」石刻，署款「項城袁世凱題」實
出公之手筆也。家母譜名玉仙，慈藹和善，知
書達禮，相夫教子，備極賢勞。惜以中年喪偶，
晚景淒涼，食指浩繁，憂勞交瘁，不幸於民國
三十三年春病逝。

　　每憶余幼時多病，困頓床褥，痛苦萬分，
需賴母親照顧，溫慰按摩，時刻不離，每每難
支弱軀，辛勞達旦。時而余夜半思飲，吾母竟

以杯水懸置煤油燈上，久久始使之熱，此其一端耳。嗚呼！母愛，母愛！恩重如山，情深似海，天下可感可懷之事多矣，均未若母愛之偉大也。惜乎「樹欲靜而風不止，子欲養而親不待」。余以幼失怙恃，未能稍盡人子孝道，皋魚之痛，為憾難償，年已古稀，立身行道，依然茫茫，吾將何以報親恩於萬一耶？

　　未幾，家兄慶永失蹤，幼妹福永夭折，在物資奇缺、兵荒馬亂之抗戰期中，三、四年內，劫後餘生，七口之家只剩三人，兩姊與我。而戚屬中，雖宦遊者多，然乏情誼，偶爾寄人籬下，飽受奚落。唯外家廚僕之徒弟周君松林待余至厚，時予周濟；鄰居寡婦徐淑貞大姑以女紅蠅利，雪中送炭，盛情尤可感。諺云：「受人滴水之恩，矢當泉湧以報。」近年來，每當返津探親，必定探望徐姑、周嫂及其家屬，並貽禮儀。那時，三姊與我在救濟院讀書，四年內尚有收穫，實不幸中之幸。

二、

　　我生長於天津市。天津在抗戰前到處呈現

一片繁華景象，尤其商業區，經常人山人海，熱鬧非凡，行人如過江之鯽，摩肩接踵。我家向居天津市河北黃緯路四馬路，當地十之七八是公教人員的住宅區，白天大街上人車不少，雖未達到車水馬龍的盛況，卻到處洋溢著一種安樂祥和的氣象。曾幾何時，日本軍閥侵略的戰火蔓延天津，驅走了寧靜的歲月，摧毀了美好的社會，從此帶來了一連串噩夢似的悲劇。

　　盧溝橋事變不久，緊接著天津淪陷，國軍撤出，偌大的天津衛竟然變成了沒有自己的武力捍衛的孤城了！此時此地的百姓們，正如同在人海中失去了母親的孩子，茫然無助，失聲痛哭！除此之外，滿懷的悲戚又能向誰傾訴？日本軍隊終於開進天津，如入無人之境，漫長的車隊一走就是個把小時，顯然地，日本軍人有意在展示他們強大的武力，這使市民們，尤其是跟著大人的孩子們，更是看得目瞪口呆，不知所以，睹此景狀，祇是本能地存在恐懼心理。當然，真正憂慮的還是成年人，尤其在機關做事的那群知識分子們，大都終日愁眉不展，自然而然地影響了他們子女底心情。如今想起那些早就失去童年應有的歡樂的人們，其

精神上的損失可謂相當慘重，他們如今皆已變成老年人了，萬劫餘生，苟活迄今，該是多麼的不易。正因為他們是在非常時期度過的，十之八九心理發展不大正常，可是其國家觀念與民族意識較諸今日青年，實未遑多讓。

先是天津中國地（指非外國租界區）的重要機關及學校等多處被日本飛機轟炸，著名的南開大學首當其衝，被炸得面目全非，每逢空襲警報，市民倉惶異常，扶老攜幼，四處逃命。記得一日，母親攜我姊弟逃難，躲避在一大建築物內，席地而臥，驚恐萬狀，幼小的心靈初嚐流離失所的苦味，越發覺得家是多麼的溫馨，可是無情的戰爭終於不免使我們落得家破人亡。

不停的戰火給天津帶來一片動亂，人民生命財產俱無保障可言了！有錢有勢、有辦法的早已逃到租界去，無異進入了避風港，等於逃到外國安全地帶。而一般中下層社會的小市民想走無路，欲逃無門，祇好廝守老家，竟日在黑暗恐怖中拚命掙扎而已！

我的外婆住在日租界秋山街，是一座很宏偉、壯觀的兩層洋樓，前後均有寬敞的庭園，

是我們經常散步或遊戲的地方。母親不時帶我們去外婆家，在那兒有好的吃，有好的住，更重要的是不必再受戰爭的威脅，得享一陣子短暫的安全感。我清楚地記得，日軍剛侵佔天津時，重要街衢皆有日本兵站崗，有一陣子非得手持日本旭旗不得通過。試想，身為中國人在中國領土上，偏偏強迫你持日本旗才能行動，這還有什麼人格尊嚴可言呢？宜乎一位學者曾說：如果沒有國家，即使連做人的尊嚴都沒有。信哉斯言。日本人無視我國人民的尊嚴，一至於此，其實這不過是千萬分之一罷了。

　　打從「七七」之後，在天津挨過年把苦難的日子，由於父親工作的關係，舉家避至天津縣小站鄉間居住。在此值得一提的是，當時所乘的大木船似是臨時搭便船，船主大可不管吃飯問題，然於開飯時間，他們煮了一大鍋麵條，主動而誠摯地招待我們全家，而且堅決不收分文，雪中送炭，讓我們甫離城市，還未到小站，就先享受了人情的溫暖，一飯之恩，終身難忘。

　　小站是天津縣屬的一鎮，實則農耕地佔絕大面積，那寧靜、安謐、空曠的鄉村比比皆是，農民十分誠懇，樸實而憨厚，特富人情味兒，

凡對外地遷徙來者，不但絕不欺生，且表由衷
歡迎。我家既遷小站，乃屬暫居性質，就在臨
近市鎮旁，覓租兩間土坯子搭成的房子，窗戶
則由木框格成，上邊糊以白紙，既擋風又能採
光，別有一番風味。院子左右兩排房舍，每戶
一門，進門後緊貼臥房牆壁有爐灶，有洞直通
裡屋磚砌的床鋪，每值冬天，爐灶上燒飯，柴
火很快傳熱於炕，再墊著棉褥，裹以棉被，睡
在其中，溫暖無比，較在都市裡冬天開暖氣睡
覺，要舒服得多。

　　小站是值得懷念的，每憶那魚米之鄉，風
光明媚，那人情的濃郁，民性的淳樸，鄉居的
寧靜，生活的愜意……不禁心嚮往之，輒興久
棲之想。她給我童年留下甜美的回憶。我想陶
淵明筆下的「桃花源記」亦不過如此！可是後
來父親因為工作的關係調回天津，全家也祇好
重返都市，不得不跟已經與我們有了濃厚感情
的小站和鄰居們告別。

　　　　　　三、

　　我啟蒙時，適值對日抗戰發生，為防敵機

轟炸，常隨家人到處逃難，全家難以餬口，安危一髮，朝不保夕，離亂中苟全性命而已，學業數度中輟，以致根柢不固。

　　記得在救濟院讀小學時，物資奇缺，連棒子麵兒（玉米粉）做的窩窩頭兒都不容易吃到。猶記我們的小學級任老師張伯欣先生結婚時，竟以雜麵（綠豆做的麵條）為原料做的炸醬麵來待客，其困窘狀可以想見。當糧食最缺乏時，連窩窩頭都吃不到，不曉得學校從哪兒弄來一些餵牲口用的豆餅、花生餅擺在操場，老師們手拿鎯頭，大夥兒排隊領取食物，老師見一人則敲一塊，同學們領到豆餅或花生餅後，一邊啃著吃，一邊喝溫水送嚥。不久，一幕更慘的悲劇出現了，祇因營養不良，缺乏油水，很多人患了夜盲症，還有很多人大便乾燥，數日無法通便，痛得在廁所裡直打滾，不得已祇好服用「瀉鹽」來通便。

　　想來當時的物質生活苦到極點，再粗糙的食物，祇好忍淚下嚥，不過維持生存，不至於死而已！其他如衣服、住宿等生活條件也跟吃的差不多，若非基於人類求生本能，怎能捱過去呢？我真疑惑那種日子是否屬於人間所應

有。雖說如此，然而我們的精神生活卻很充實。當時小學二、三年級非學日語不可，但我們那男女合班的四、五十個同學，幾乎無人願意學。上課時大家敷衍了事，下課後，日語老師在前面走，同學們交相在背後指著罵：「漢奸，漢奸！」我們人在天津，心卻朝向「重慶」。老師們也經常在授課時講些愛國故事，如端午節紀念屈原自投汨羅江；八月中秋是紀念漢人齊心殺韃子等等，一語雙關，言不盡意，卻能勾起同學們的共鳴。越是在敵人的砲火威脅下，每個人都擁有滿腔的愛國熱忱，一副象徵民族正氣的赤膽忠心，這決不是日本人的槍砲所能屈服得了的。

那時的老師皆有一種嚴肅的使命感，多視富貴如浮雲，對學生的要求十分嚴格，學生對老師既敬且畏。津門有一不成文的學風，人們都存有一種不盡合邏輯的觀念：對書法很重視，認為國文好的就是好學生，字寫得好的國文就好。基於此一習慣，從小開始，學生們即勤苦練習大楷、小楷，天一亮就從窗口爬進教室（門已鎖），磨墨練字；上課時也常寫毛筆字，老師要求用力緊握筆桿，全神貫注寫字。

老師有時從你身後悄悄觀察，若猛地把你的毛筆奪走，緊跟著就是一記耳光。現在想來，這是否合乎教育方法暫當別論，反正經過如此嚴格訓練，確能深深地打下了書法的根柢。亦曾有老師義務為我補習國文，以「古文筆法百篇」為藍本，每於講釋一篇後，下次上課必令背誦，如此使我得益良多。今日我的文字還能拿得出去，泰半種因於此。

　　猶記民國二十八年暮春季節，我們全家回到天津，亦曾度過一段平靜安適的日子。可是好景不常，一連串的噩耗像狂風暴雨似的交迫侵襲而來，使全家大小立即籠罩於愁雲慘霧之中。先是五叔璐珂服役於海軍，抗戰初期，軍艦在湖北武穴被日寇飛機轟炸掃射，五叔竟被擊中，壯烈殉國！英年早逝，已屬不幸，遺有寡妻孤兒，境際極為悲慘。父輩一向手足情深，雖然遠隔南北，經常通信存問，互通有無。父親居長，五叔最幼，大哥與小弟間感情尤其親密。五叔犧牲的消息傳來，素稱健壯的父親精神受到嚴重打擊，終日坐困愁城，一語不發，經常借酒澆愁，酒未減，而愁更愁，就在民國二十九年春節前的一個酷寒的雪夜中，父親從

法院下班回家，途中因路滑跌跤，畢竟年事已高，回家後週身不適，不久言語維艱，奄奄一息，待醫生趕來時，已告不治。全家哭成一團，母親悲痛欲絕，二姊哭得眼睛都腫了。從此我家六口生活頓失依憑。在親友中雖不少有錢有勢的，惟其同寅之家，每乏情誼，一門孤寡，備嘗辛酸，於今思及，猶有餘痛！

自父親去世後，體弱多病的母親負起了全家生活重擔。由於外祖父在前清有功名，學養深厚，家學淵源，母親頗能知書達禮，能寫一手好字，很想找份抄寫差事，以彌補家計，但未能如願。生活也就越來越困苦，不久竟在貧病交迫中去世，遺下我們兄弟姊妹五人，日後遭遇之慘，不忍卒述！

四、

經過八年漫長而艱苦歲月無情的煎熬，國人渴望已久的抗日勝利的夢想終於實現。民國三十四年八月中旬，當天津各廣播電台播放日本無條件投降的消息，許多市民還蒙在鼓裡不敢相信。但事實畢竟是事實，收音機不斷地廣

播盟軍全面勝利的喜訊，報刊上的白紙黑字更證實了此一鐵的事實。這時候，大街小巷，鞭炮之聲不絕於耳，人們見面互道恭喜，個個笑逐顏開，合不攏嘴。各種商店行號幾乎無不自動大減價，街道上擠滿了擺攤子的零售貨物，百貨一齊直線狂跌，過去祇能買一包香煙的錢，現在居然可買到七、八包，其他物品價格亦多類似的下跌，此情此景，畢生難得一見。

最令人感動的是市民熱烈歡迎國軍的場面，成千上萬的人不約而同的湧向天津火車站，將整個車站擠得熱鬧非凡，大夥兒從清晨到中午到夜晚，一等再等，過了三天，好不容易等到了國軍，始則欣喜若狂，真是萬眾歡騰，繼則瞻望國軍「風采」，令人不免在心理上大打折扣。原來在牟廷芳將軍率領下的陸軍第九十四軍官兵多是兩廣籍的部隊，比起北方大漢來，一般而言，他們的個子顯得矮小，而且服裝也不整齊，扛著輕重武器，穿著黑色黃底膠鞋，走起路來似乎缺乏軍人應有的雄赳赳、氣昂昂底氣概！何況他們操的是「南蠻鴃舌」之音，在語言上無法與老百姓溝通，久之感情越來越淡，甚至難免有誤會發生。兩廣籍官兵多

半性情悍直，說話常帶不堪入耳的「三字經」，天津人雖然聽不懂廣東話，然對粵語中的「三字經」卻十分敏感。南方人輒拿「三字經」當家常便飯，可是向重名節的北方漢，有的卻因對方辱及人格，尤其是祖先，那還得了，一言不合，很想跟你拚了！再說，抗戰結束，一般接收人員及官兵往往被勝利沖昏了頭，他們時而恣意驕縱，飛揚跋扈，無視民眾，目空一切，動輒斥責市民，說什麼「你們所受的是奴化教育！」、「老子抗戰八年……」等等之類挖苦話，實在讓人受不了。他們還硬坐「霸王車」，進戲院或電影院，乘火車、汽車、電車、舟輪等，很少有人買票；至於駐軍強佔機關、學校、民宅者，所在多有。軍紀敗壞，一至於此。尤其身著灰布衣，釘有紅十字的傷患官兵們，缺胳膊短腿的，拄著枴杖，每在公共場合，一不如意，即拿枴棍當武器，打人罵人，什麼都來。時間一長，市民對之均敬而遠之，誰也不敢得罪他們。想來這也是在大陸上失敗的眾多原因之一！

五、

　　我乃亂世孤雛，學齡之時，無良好的教育環境，所幸每蒙恩師垂青，教誨訓勉，困知力行，孜孜矻矻，始得略有所獲；抗戰勝利後，就讀天津崇化學會（後改為中學），諸課業中，獨鍾國學，文史初基於焉奠立。

　　吃了八年苦頭的天津老百姓，受盡了日本人的窩囊氣，抗戰勝利後，老百姓當時最尊敬崇拜國軍，尤其青年軍崛起，很受人們敬重，大家皆知道這支勁旅為報效國家志願從軍而組織成的，因此青年軍的臂章 ── 藍底襯托著紅色的 V 字（象徵勝利），中鑲白色梅花 ── 成了榮譽的標幟，只要是佩帶著這種臂章的小夥子，到處受老百姓的重視,青年人誰不愛面子？況且北方人民性強，對侵華的日本人恨之入骨，那時日本雖已投降，可是一般人的國家觀念非常強，尤其青年學生，說當兵大家一窩蜂，顧不得父母的反對，管不了愛人的阻擾，拋下書本就去從軍，那種完全發自內心的愛國情操，非常令人感動。似乎不是時下青少年所能

理解的呢！

　　當時軍方在各地招考知識青年從軍，以被中共佔領區流亡失學的中學生為主要招考對象，挑選過程嚴格，與軍校招生差不多。很可能是承繼抗日愛國的餘緒，許多知識青年決意投筆從戎，報效祖國，甚至有很多大學生也放棄學業，心甘情願去當一名士兵，他們既不為了升官，更不是為了發財。後來絕大多數追隨政府播遷來台，部分人員已成為軍中或社會的中堅分子，當時他們的表現比上述的接收大員和一般官兵們判若雲泥。

　　民國三十七年春天，在北平，我再度當了兵。蓋髫齡時，每觀軍隊行列的嚴整、軍歌之雄壯，心慕已久，及長，頗蓄從戎之志，並有志在四方之慨。此時局勢逆轉，恰逢青年軍招兵，我遂毅然從軍，在北平西苑投試青年軍二〇八師。

　　那時投考青年軍的學生特別多，然而能加入青年軍卻非易事。報名後必須有可靠的保證人，經過嚴格的體檢，然後始有資格參加考試。那年我年紀既小，才十七歲，營養不良，身體又弱，體格檢查第一關未能通過，當然連筆試

的機會亦無法獲得，眼看人家順利通過體檢，又神氣地穿上軍裝，掛上青年軍臂章，好不羨慕之至；後來經朋友介紹，暫且去青年軍當普通兵，雖然我搞不清普通兵性質是啥回事，反正參加青年軍後再說吧。體格矮小的我，又帶幾分孩子模樣，所發軍服、軍帽、軍鞋都很大，幾乎沒一件是合身的，如此一小兵，走在路上，常被人們側目而視，我兩個姊姊初次看到我披上軍裝即驚笑不已。

　　在北平西苑一年，是最值得回憶的一段歲月。西苑營房附近有諸多名勝，近處可看到頤和園的排雲殿，遠望是玉泉山的塔尖，再遠處則是有名的西山。我們常利用星期假日到這些地方遊覽。玉泉山下那清澈的泉水，秋天裡西山火紅的楓葉遍山皆是，尤其是夏日的黃昏，到昆明湖游泳戲水，然後漫步於頤和園中，盡情欣賞那片醉人的美景。當晚霞映紅了半邊天的時分，懷著興奮愉悅的心情整隊而歸。假日裡常是遊山玩水，故宮、北海、中南海、萬牲園……，尚有許多記不清什麼名稱的名勝，均曾留下我們的足跡。有一次我們乘火車去八達嶺青龍橋，由於地勢太陡的關係，前面有火車

頭拉，後面有火車頭推，行駛很緩慢，好不容易到了青龍橋車站，我們瞻仰了詹天佑先生的銅像，還聽了許多關於這位偉大工程師的感人事蹟。八達嶺上有蜿蜒山腰連綿不盡的長城，登高遠眺，極目遙望，撫摸著城上巨大的古磚，緬懷當年先民胼手胝足盡瘁於斯的情景，陣陣的蒼涼之感，猛擊心頭。

　　青年軍都是由知識分子所組成，受訓時軍事與政治教育並重，在北平西苑時，軍隊學校化的風氣頗盛，所學的軍事課程固然很多，政治學科亦不少，其時政治教官學歷均很高，多為飽學之士，他們頗受上級的禮遇和同學們（青年軍同志間多稱同學）的敬重。

　　在青年軍經常舉辦壁報一類的訓育活動，因為我從小對美術、勞作、剪貼等學科特別感興趣。當兵後，一個偶然機會，從一位同志那裡又學會了剪字，上邊曉得我有這一手，於是讓我辦壁報，我清楚地記得，那是民國三十七年三月二十九日青年節的前幾天，我獨自一人辦壁報，從構圖設計、寫稿、繪製插圖及報頭等，整整費了近一個禮拜的時間，一張巨幅的壁報居然出現在眼前，代表全營去參加比賽，

雖然未曾獲獎，卻得到大家較高的評價，對於一個初學此道的「小鬼」而言，這當然是莫大的鼓勵。

後來我參加了普通兵轉青年兵（即正式青年軍）的一次考試，結果我考取了，嗣獲頒國防部預備軍官文憑，這是很榮幸的事。不久，師部成立政工人員訓練班，經選送受訓，雖然僅接受了為期兩週的訓練，可是對我個人來說，這卻是事業重要的關鍵，從那時起，我正式參加了軍中政治工作。

六、

民國三十七年夏初，華北局勢突然逆轉，國軍「轉進」的消息時有所聞，正當關外特別吃緊的時候，當局對青年軍似乎特別倚重，我們那個師奉命自北平調往唐山一帶防守，尤其在前線部隊節節潰敗的當頭，這種任務無疑是一種嚴格的考驗。從北平火車站直到唐山，我們乘的是沒頂子的運貨車廂，半夜裡時駛時停，疾風氣流交至而來，飢腸轆轆的時候，啃兩塊乾糧，飲兩口冷水而已。因此許多人都支

持不下去，我在中途竟患腹瀉，那狼狽不堪的樣子，事隔數十年，於今想起，猶有一種不寒而慄之感！

唐山是頗為富庶而繁榮的工業城市，大街上到處都有賣燒雞的，其物之豐與價之廉，堪與台灣的香蕉媲美。可惜那時我們窮酸得不得了，在唐山一住就是半年多，好像連燒雞的味道都沒嚐過。

在唐山駐防期間，想不到竟能與老家福建的一位堂兄見面。家庭屢遭變故，僅剩姊弟三人為生活而奔忙，且均少不更事，未記得老家叔父們地址，故失去聯絡。我見到的這位堂兄，是我四叔父的大兒子，他當時是國軍某部隊的尉級軍官，部隊亦駐在唐山附近。民國三十六年，他隨小分隊調駐天津時，四叔寫信命他設法查找我家，堂兄透過福州同鄉會，輾轉找到我的一位嬸婆以及堂叔、堂姑等人。我參加青年軍前，三姊被堂叔收留，兩姊時與嬸婆家有往來，所以堂兄找到了兩姊，並知道我在北平當兵，從此堂兄常去看望兩姊。民國三十七年夏，他回部隊，知我已調駐唐山，即前來與我相見。親叔伯兄弟素未謀面，多少話語亟待傾

吐，無奈囿於環境，無法盡情詳談，見面不到一小時即告離別。詎料，這一別就是將近半個世紀。

我自幼父母雙亡後，天津的親戚讓我深深體會到人情世態，堂兄的忽然來訪，使我備感親切溫馨，猶如今日同胞返大陸探親尋根，我從而找到了祖根，雖然迄今我尚未返回祖地過。自開放通郵後，與兩姊的通信中，獲知這位堂兄當時他服役的部隊南撤，而他則被困天津，中共政權成立後，他歷經曲折，後被遣返回家鄉，與四叔父叔母住一起，生活差可溫飽而已。堂兄一表人才，文筆甚健，無奈一生坎坷，現仍孑然一身，聞後甚表同情，是故每趁有人返福州探親之便，即託帶若干以資助堂兄奉養叔母（四叔父於一九七五年過世），聊表心意。

時光荏苒，而今四叔母亦已謝世，堂兄已是將屆八旬高齡，我尚未返原籍探望堂兄及其他族人，只緣我休假時間不長，僅能作天津探姊之旅，甚望待真正退休後回原籍一遊，以圓尋根夢。

七、

　　後來局勢越來越糟，共軍像野火似的很快蔓延到冀東一帶，記得那是民國三十七年初冬，我們的部隊自唐山撤退，臨行之前，一向繁榮的唐山市街變為空城。當火車離開車站時，火車頭、車廂頂上及兩旁凡是可以容身之處都堆滿了人；當我們經過了一段充滿艱險和憂傷的漫長旅程，火車終於到達了只存一條生路的目的地 ── 瀕海之隅的塘沽與大沽。這裡大都是灰色的沙磧荒地，尤值冬季，景色頗為淒涼，四周淨是空曠的原野，偶有一、二村落俱為貧苦人家。我們住在一所軍醫院裡，經常看到的是抬來抬去的傷兵。在塘大一住就是兩三個月，由於交通斷阻，這期間根本吃不到鮮肉青菜，老百姓賣的肉包子，餡都是酸溜溜的馬肉，頗不是味道，然而數月既不知肉味，買的人卻不在少數。至於每日三餐佐食的竟是一些蝦皮、蟹醬和鹹魚之類，這玩意兒吃個把月尚無不可，一連七、八十天真夠受的了。

　　剛過了陽曆年，戰事益形惡化，我們的部

隊在共軍兇猛砲火窮追不捨的情況下，告別了塘大，登上軍艦。我曾親眼看見有一些馬匹因為經過狹窄的跳板時不慎滑落海中，牠們在冰寒的海水裡拚命掙扎，岸上士兵則以布綁腿連接起來作繩索，一股勁兒套在馬身上往上拉，然而想盡所有辦法，都擋不住死神的侵襲，一匹當年在沙場上馳騁萬里活生生的戰馬，眼巴巴地被活活淹死，許多官兵都為之淚下。共軍的砲火染紅了半個天，我們在機關槍和隆隆的砲聲交作下，登上了軍艦。聽說最後掩護我們的一個戰鬥排的同志們，全部成仁，用「犧牲小我，完成大我」這句話來形容他們壯烈的精神，實在再恰當不過。

　　在艦上，我們這個連被分在甲板上的一隅，我和兩三位同志躲在救生艇下，海上霧濃，入夜以後經常風雨交加，我們的鋪蓋常被淋濕，大家緊緊地縮成一團，像被劫後的一群孤雛。那時每天雖有半生不熟的米飯（在艦上的鍋爐上蒸的），和少許的鹹魚、蘿蔔乾等聊以果腹，可是滴水貴如油，一個禮拜沒洗臉也就不足為奇了！許多同志不適於海上生活，暈船甚至上吐下瀉，找醫官也沒用。記得有一兩個

人把著船欄杆出大恭，因風浪太大，不慎竟被吹落大海，在船上的要救也無法救，眼看他們被雪花似的大浪吞噬而去，無端地丟失了寶貴的生命。有一天，一位弟兄不慎持槍走火，指揮官師長王永樹少將大為惱火，即命衛士將其抓到，捆綁後扔到海裡。我們眼看這位弟兄向死神報到，內心不禁悲傷之至。可這位仁兄命真大，他在海裡載浮載沉，一連泡了二、三小時竟未沒頂，後被一艘商船救起，過幾天後我們在上海吳淞口登岸時，居然又碰到了這位九死一生的患難弟兄，天下竟有如此不可思議的奇事。

　　我們這群殘兵敗將到了上海，立即行軍至市郊一所大洋房內，也曾在忙中偷閒去繁榮的市區逛逛，在小販攤上吃過廉價的大米飯和豬尾巴。不久部隊又開赴松江，駐在一所古色古香十分雅靜的中學內。此時我因身體不佳，又因自己也還長於書法，於是被調到連部去做文書工作。松江真是江南魚米之鄉的代表，此地的一切景物風土，一如陶淵明筆下的桃花源。雖然寒冬臘月，到處呈現一片新綠，尤其鄉村那明媚如畫的風光，和居民自然寧靜的生活，

令人十分嚮往。這裡的老百姓似乎過慣了安寧恬適的農村生活，他們不知人間有戰爭，那時整個中國已被中共佔領半數，可是這與他們似乎無關，恰逢年節，盡情歡樂，到處都是一片昇平景象。

後來我們部隊又轉移到浙江，在風景絕美的杭州曾逗留數月，西子湖的風光比起北平的昆明湖尤富自然之美，而且古蹟特多，景點可觀；常言說得好：「上有天堂，下有蘇杭。」委實名不虛傳。雖然我們曾數遊西湖，飽覽湖光山色，可是其時在大軍慘敗之際，內心的創痛實難彌償，面對綺麗河山，也只好徒嘆罷了！

離開了杭州，一路上途經蕭山、餘姚，以迄慈谿，淨是水路，乘人工之船，其速度之緩慢 —— 一如牛步，記不清歷經多少魚米之鄉，總算到了慈谿，該地乃近代文人陳布雷先生的故鄉，一個小縣，縣城只一小鎮而已。全營駐紮於清道觀，同志們曾演「四郎探母」自娛娛人，戰亂中一插曲耳。後在舟山駐防歷一年多，民國三十八年十一月初的一天夜裡，忽然聽到砲聲，原來共軍登岸了，大家一窩蜂地往後跑，節節敗退，其勢危在旦夕，作戰指揮官抱定破

釜沉舟決心，命沿海附近的船隻遠離，經三天
三夜的苦戰，由於來自定海的大批部隊支援，
及空軍配合作戰，扭轉逆勢，雖擋住了共軍，
但大勢已去，無可奈何了。

　　民國三十九年五月，大部隊登上軍艦，舟
山海外戰船如雲，無人知曉此行任務為何？大
家暗忖，也許是反攻，登上大陸作戰。但經數
日的遠航，人們心裡都有了數：我們是開往台
灣去的。

八、

　　前面已述，我在部隊從唐山南撤的途中，
在江蘇松江被調做連部文書，其後隨軍撤遷來
台灣，助理政訓工作，舉凡撰擬文稿，編寫刊
物，得以多事歷練，略具心得，雖戎馬倥傯，
面臨暮雲春樹，不能無所思；對滄海桑田，每
每有所感，故興之所至，信筆為文，或投稿於
報章，或寄函於親友，暢抒感懷，並以自遣，
實亦生活中一樂事也。曾於民國四十年秋，試
撰「愛民復國謠」歌詞一曲，竟獲中華文藝獎
金，其於精神上所獲鼓舞，尤勝於任何物質的

報酬（那時我二十歲）。

　　到台灣後不久，我考取了國防部政治幹部訓練班。政幹班是在民國四十年春天，自新竹山崎遷至北投跑馬場，與當地駐軍混合而居，這可說是政工幹部學校的前身。政幹班的同學們都是來自各部隊，經考試而遴選出來的。官拜上校者不乏其人，當過團長、師主任的也有，當然，准尉起碼官更是所在多有，我就是其中一人。

　　其時政幹班的生活區與教育區均在原為台北北投的跑馬場，後改為中國電影製片廠內，寢室即教室，教室即飯廳，每人發小板凳、圖板各一，這種「裝備」是部隊中野外演習用的，這時卻成了我們上課、吃飯的用具。在那兒受了三個月的訓，時間雖短，可是受益良多，其原因約有兩端，教官皆一時之選，均為飽學之士，上起課來滔滔不絕，每發獨到之見，尤令學員由衷傾服。其次，黨政名流常去作專題演講，極受同學歡迎。

　　那時國軍剛從大陸撤台不久，多年的離亂生活，乍一安定，整軍經武，革面洗心，軍中學習情緒之濃，可謂空前。因此，雖然只受了三個月的訓練，由於大家用功心切，的確學了

不少的東西。後來我被派至基層連隊當政治幹事，上課時面對一群大兵「大吹法螺」，可以說「現躉現賣」，就憑那一點「本錢」，並且幹勁十足，上政治課、教唱軍歌、繪製壁報……，什麼都來，有時為了想把工作做好，連覺都睡不好。

民國四十一年的初冬，政工人員業務訓練班在復興崗成立，各地基層政工幹部分批受訓一個月，那時我正在連隊當少尉幹事，旋即奉調受訓。此時政工幹校成立未幾，然而嶄新樓房櫛比而立，周圍一片新綠，幽雅的校園，整齊的校舍，充滿一番新氣象，較諸當日的政幹班，真是不可同日而語。

這次受訓屬於有關業務講習性質，除了聽些課和多認識幾位朋友之外，隊職官經常抓我的公差──辦壁報，此外似乎沒有留下什麼較深的印象。

民國四十二年的仲夏，國防部為召集軍中新聞工作人員，施以短期專業訓練，仍由復興崗代訓，名為國防部軍聞人員訓練班，受訓者百餘人，大都為軍聞社及青年戰士報的特約記者，少部分則屬各級軍報社成員。這次訓練有

特點：一為師資特別優異，新聞界名流如曾虛白、馬星野、沈昌煥、謝然之、唐際清等先生，皆在百忙中來講授有關課程；再值一提的是，那時我們曾分別至各報社、各通訊社，乃至刑警大隊等單位去參觀，到刑警大隊的判案專室中，眼見各種怵目驚心的殺人、強姦、越貨等犯罪照片，為之大開眼界，頗增不少見聞。

多年來流離顛沛的流浪生活，能夠保有一條性命來台灣，能免於飢寒，逢此亂世，已覺不易，哪還顧得「形而上」的東西？可是來台後在逐漸安定小康的局面中，每感過去隨軍東征西討，學業幾近荒廢，如不及時努力進修，將來不免老大徒傷悲矣！於是在公餘之暇，我總是鞭策自己多讀一點書，只是無人指導，所讀不過一些文藝書籍、報刊雜誌而已。也許是「初生之犢不畏虎」的緣故，寫作的情緒非常高漲，經常投稿，什麼議論文、散文、小說、詩歌、新聞報導，樣樣都來。當時部隊裡的「雄獅報」對官兵寫作頗具獎助鼓勵之功，愛好寫作的朋友都曾在這小小的園地中，播種、開花、結果。

也許是「原料」燒得太多了，必須大量「加油」，一股旺盛的求知欲逼著我，要重新努力

學習。於是在民國四十二年秋，政工幹校第三期招生，我決心投考新聞組。這是很熱門的一個系別，當時正在部隊演習之際，上級特准假日，我得以充分準備，後來總算僥倖考取了。由於幹校新聞組學生程度較高，報考的人甚為踴躍，能登榜已非易事，入學後越發覺得自己知道的太少，怎能不用功學習呢？當我第一天走進教室的時候，心跳加速，眼睛一亮，那種欣喜之情，真是難以言喻，我興奮得想哭！

　　學新聞的，國文、英文特別重要，恩師陳恩成博士、林大椿老師，在這方面給我們的教益很多。林師教授國文，重要課文務令背誦，一時蔚為風氣，以長篇如賈誼之「過秦論」，同學俱能背誦如流。而陳師教授英文至為認真，同學寫作時即使少一標點符號，也為之添補，督教之勤，可見一斑。他如朱師虛白的「採訪學」，徐師詠平的「編輯學」，潘師劭昂的「新聞學」，任師東山的「中外地理」，皆為非常「叫座」的課。尤其令人永遠難忘的是，北大畢業的李邁先老師的「中國近代史」與「世界現代史」，教授得法，層次井然，語言清晰，風度絕佳，嚴肅中帶有幽默，且多獨特見解，

而內容之豐富，條理之分明，予人極深刻印象。
事隔近半世紀，每憶前塵，歷歷如昨。如此良
師，畢生難忘。

　　在幹校新聞組共接受了一年半的教育，實
則除了入伍教育（純軍事訓練）和實習（在某
輔導處工作）外，不過受了三個學期的正式新
聞教育而已。

　　畢業前夕，很多同學都為分發工作而擔
心，新聞組的同學誰都渴望到新聞單位去做事，
以展所長，可是僧多粥少，徒然奢望，無濟於
事。說良心話，那時我對自己未來的工作倒滿
處之泰然。在學校讀了一年多的書，我越發覺
得自己學識的不足，擺在面前並不是有沒有事
情給我做，而是事情來了，我是不是擔當得了？
孔子說：「不患無位，患所以立」，我想就是
這個意思。我想不管他分配到哪兒，反正人家
能幹的我也能幹，人家能吃的苦我也能吃，人
家能受的罪我也能受。每念及此，心安理得。

　　民國四十四年五月二十八日舉行畢業典
禮，九百餘位同學在驪歌聲中，在師長們的祝
福中，在後期同學珍重再見聲中，我們離開了
母校，踏上了事業的新程。

　　我被分發到台南陸軍部隊，先後服務於野
戰部隊、裝甲兵、飛彈營，擔任幹事、連指導
員多年。（一段時間名為連指導員，實則在政
治部辦理綜合業務。）余特重官兵政治教育與
伙食之改善，授課前先準備充分，下課後深自
檢討，教學相長，敢不惕勵？其時在政治部或
在連隊，事較輕閒，得有大量時間看書，只是
苦無高明指導，一如瞎子摸路，不問收成如何，
但盡我心而已。這期中在求知方面，我似一個
飢餓的孩子，熱望肚皮裡多裝一些食物。可惜
其時隨軍輾轉，難得安定，而且當時（民國四
十五年）我官拜中尉，月薪不過僅僅新台幣壹
佰參拾元，沒有多餘的錢買書，逮著什麼就看
什麼，致無計劃可言。初期自修中，梁任公的
「飲冰室文集」幾乎成了我的教科書，前後曾
花費了半年時間，可是只能細讀一遍有半，其
中介紹新思想，痛陳當時政治利弊，語語中肯，
發人深省。

九、

　　由於我對文史及社會科學興趣至為濃厚，

公餘之暇多以書為伴，如飢似渴地學習，因為
此前已聽說政治大學於四十三年復校後，規定
高考及格視同大學畢業，准許報考研究所，我
雖學殖淺陋，然頗有志於斯，所以自幹校畢業
後，即利用公暇自修。我有一個夢想，打算以
自修方式參加公務人員高考，及格後投考研究
所，俾便從事文教生涯，以了生平夙願。因為
我愛好文學，乃思報考與大學文學系相近的高
考普通行政文書組，於是我先從中外歷史與哲
學方面下功夫，以專業考科中有三門有關哲學
課程之故也。首先閱讀歷史書籍，遍讀有關通
史，如錢穆、呂思勉、羅香林等先生所著歷史
均曾涉及，西洋歷史則以沈剛伯先生校正者為
主，地理也採自修方式，花了很長時間，然而
所獵甚廣，致不得要領，後來第一次完全以「試
驗」心情應試時，中外史地一科首遭敗績，而
我並不因此灰心。我想無論如何，多讀一點兒
書總是不會錯的。在準備哲學課程方面更是苦
來兮！尤其是理則學一課，起先我從台中圖書
館借來一本符號邏輯，可是徒知閱讀，無力「消
化」，幾經周折，最後才找到了門路，始知陳
大齊先生的「實用理則學」，最適於初學者自

修，且於高考頗有助益，乃詳閱六遍，先後花了半年光景。

　　參加高考，屢試不爽，實因自己的學識淺薄，而考試科目再三變更，原先計劃有三門哲學，後來逐年逐項改為文學。民國五十年，我在陸供部服務時，聽說以後上尉晉等必須具備初級班學歷，乃經保送政工幹校受訓半年，仍然一股勁兒的準備我的高考。張金鑑教授著的「行政學典範」厚厚一大本，足足看了兩個月的時間，復將過去看的書大致再度瀏覽一遍，期收「臨陣磨槍不亮也光」之效。而柳營生涯，請教無門，孜孜矻矻，六度寒暑，是年秋，應高考，果然中第，並列文書組首選，當我看到榜上有名時，驚喜萬分，乃至叫起來：「我考取了！我考取了！」經過整整六年的苦讀，幸獲錄取，且列榜首，不勝欣慰之至。總之，我參加高考，但憑自修，無良師指點，無益友磋商，完全靠一股衝勁而已。

　　次年我在衛生勤務學校工作，兼任政治教官，高初級的班課我都上過，我之所以敢登上講台，對一群群國軍中下級幹部「大吹法螺」，主要原因是自己在準備高考那六年時間內，的確

看了不少書，何況這些書正與政治課關係密切。在當兼任教官的過程中，我發覺自己頗適於教書這條路，可是要想以粉筆生涯為終身職業也非易事，除了真才實學外（想到這裡，我必須更加緊進修，在知識領域更上層樓），當需相當的學歷。在科學時代，只有實學而無學歷，或只有學歷而無實學，都是美中不足的事。當然，像錢穆、王雲五諸位大家用不著戴方帽子，然而像他們這樣的人，一世紀中能得幾人呢？

　　民國五十二年冬，適值幹校補讀學分班第八期召訓，乃爭取機會完成專科學資。雖然有許多同事勸我不必多此一舉，既高考及格，已具備相當大學資格，何必補讀專科？而我則認為讀書要緊，多讀點書總是不會錯的。於是第六度進復興崗，民國五十三年八月畢業。

　　其實我準備高考，旨在投考研究所，自知學識淺薄，非付出相當的代價不可，而身處柳營，職責在身，公事不能耽誤，只能將平常零星的時間妥加運用，每晚休憩則儘量讀書，很可能是用腦過度之故，常有一種奇異的景象：入睡時書本還常浮現於腦海之中。由於資質平庸，加上當年的高考科目再三更改，我花了六

年時間準備，前後考了四次，才如願以償，列為普通行政文書組榜首。當時頒發的是一張幾近「空頭支票」的及格證書，亦即屬於資格考試，不管分發工作。更糟糕的是，教育部一紙命令，只限具有學士學位的大學畢業生始有資格報考研究所，但憑自修苦學而通過高考及格者，不再視同大學畢業，當然不能再報考國內的研究所了，然卻可以報考國外留學的研究所，包括公費留學在內。致使家境清寒無緣進入大學的莘莘學子斷絕了更上層樓的深造之路。多年前，教育部規定恢復准許高考及格，甚至專科畢業者均可報考研究所，許多以此資格考上研究所的，表現皆不錯，這為有志深造的青年開闢了一條進修的捷徑。可是許多跟我一樣年紀和境遇的人卻無緣享此權益，命運真捉弄人呀！

　　民國五十三年八月，由於在復興崗補讀了八個多月兩學期的新聞科學分，獲得專科學歷。事前，依然規定必須高中畢業證書層報教育部驗證備案許可，始能進校補修專科學分，無奈之際，祇好以高考及格證書權充瓜代。當時我在介壽館統帥部總政戰部工作，要想進修

讀書，衹有利用夜晚和周末假日。偶閱報載，在台北衹有淡江文理學院夜間部招考轉學生，雖然各系名額不多，但這不失為一個進修的機會；我以專科學資考取了中文系二年級，準備讀四年的大學，「背水一戰」，「抗戰到底」。

記得我參加高考時，同科中四十六人，結果榜上有名的僅二人而已我列榜首。報考者自然不乏大專畢業生，以考試成績論，顯然我居了上風，自己也常想：雖然我沒戴過方帽子，可是許多有學士學位的還屈居吾之下呢！其實平心而論，大學畢業雖然未必能高考及格，可是高考及格者亦未必有大學畢業生所學之多所知之廣。何況為了考研究所，必先要戴方帽子，於是我乃下定決心要邁進大學之門。

考上了淡江文理學院夜間部，以專科學資插班，如此可縮短一年的時間，也好省些學費。其時我的少校月薪僅新台幣四百餘元，此外毫無其他收入，以此菲薄的待遇自費讀私立大學，每學期光是繳學費就要一千五六百元，其艱苦情形不難想見，何況我那時已逾而立之年，又要花上足足四年的時間，一算學雜費，至少一萬三、四千元，這個債，一連也要還上

四年，為此經常夜不成寐，真教人發愁。苦思冥想間，忽又記起我的一段奇遇，我想或許可望解決我繳學費的為難。

十、

　　民國四十八年春節，我隻身隨軍駐在新莊營房。在台北，一天夜已深，鞭炮時響，寒氣襲人，想起故鄉年景的種種，不禁勾起思念親人的心情。我獨自躑躅於街頭，一時心血來潮，很想拍照留念。於是走進博愛路白光照相館，拍照後，與老闆聊天，這位帶有濃厚福州腔說國語的中年人，使我頓覺有些親切感，於是問他是否知道我的外公 — 民國十年前後兩度主持過安徽省政的八閩聞人李兆珍先生。使我意想不到的是，他不但熟悉我外公，還是長樂縣的同宗孫輩，且曾在天津秋山街外公家寄住過。憑這份非凡的淵源，他一口答應我代尋在台灣的親屬。不久，我先找到一位在桃園大溪教書的表兄李歸川（陸大畢業，曾任少將），他是外公李家在台親屬的「龍頭」，迭經書信往來，竟又找到表哥、表弟以及堂兄姊等一大

堆，他們分住於台灣各地或馬祖前線。其中與我年齡相近的表弟李貴和，一表人才，熱情誠懇，與我相處最好。後來他與台北縣籍的一位小姐結婚，請我做伴郎，當然義不容辭。他婚後將婚照託人轉寄福建長樂縣他的堂伯，也就是我的堂舅李少白先生。

少白四舅在抗戰前曾任天津縣長，勝利後歷任長春市政府秘書長、天津警備司令部秘書長等職，大陸由中共執政後，他被捕入獄，後來遣返回鄉，歷盡坎坷。當他接到表弟的婚照後，知道伴郎是我，立即寫信給我當時在蘭州的三姊，說明我仍健在，現居海外（不敢說在台灣，以免引起無謂的麻煩，然而彼此心照不宣）。三姊接獲此信，既非常興奮，又十分驚恐，高興的是我這支莊家的根苗，歷經狂風暴雨，並未被吹倒；多年來骨肉離散，相思之苦，難以言宣，只要人在，遲早總會團圓。而所憂的是，當時若是有港台關係，那可是不得了的事。果然不幸，不久這消息傳出，三姊全家都被列為「問題」人物，尤其在所謂「文化大革命」期間，不僅姊夫受到連累，三個外甥亦遭牽連，三姊與姊夫的工作安排及事業前途大受

阻礙，夫妻感情亦因之深受影響，大外甥工作
受阻，次甥被派往邊遠農村插隊，一向刻苦耐
勞勤儉持家的三姊，所受的精神壓力最大，她
個性倔強，從不認輸，管教孩子過嚴而不得法，
加上種種因素，夫妻感情有了裂痕，而且誰也
不肯讓步，問題可以說主要是由我這「港台關
係」而引起的。最令我抱憾的是幼甥年少，當
他讀高中最需要親情的慰勉與照顧之際，家庭
問題重重，致使這重感情的孩子再也無法安心
讀書，在學業上無緣「更上層樓」，令他遺憾
終身，追悔莫及。民國七十八年的聖誕節之夜，
我與他在香港會面時，爺兒倆促膝夜談，一扯
就是半夜，當他細說那令人傷感的少年時代，
竟感慨地說：「假如我是一個孤兒，那多麼好！」
聽他這話，我內心如絞，私忖自己因遭抗戰之
故，從小失去雙親，孤苦無依，受盡人間煉獄
的折磨與苦難，為什麼他有親生父母在，卻願
做孤兒呢？想到這兒，我真想抱著他痛哭一
場。足見由這些「問題」引起的種種，在他心
坎上留下怎樣的創傷。

其實何止三姊家庭因我這「港台關係」引
起破裂，我的二姊在獲悉我仍健在的消息後，

同樣難以抑制內心的喜悅，好在二姊為人和藹，處事謹慎，人際關係較好，在大陸那場「大革命」期間，還沒受多大衝擊。

因當時尚未通郵，我經香港友人中轉，於民國七十七年初，與二姊、三姊相約到香港聚晤。四十多年的別離，真是「少小離家老大回」，姊弟三人甫見面，一時不知從何談起，兩姊皆已鬢髮掛霜，我亦已是由少年一變為年逾半百的老者，滄海桑田，風雲變幻，幾經戰亂與人為災難，我們可以說都是劫後餘生，一旦相見，悲喜交集，有多少話語急待傾訴啊！在香港雖僅有數天的逗留，總算是圓了探親夢，亦是一大樂事。

十一、

再說民國五十三年秋，考取插讀大學夜間部的事，正在為無法繳交每學期一千六百餘元的學雜費發愁時，忽然想起表弟，是否可啟齒向他商借以應急需，我當時月薪只有四百餘元，一時交不起相當於四個月薪水的一學期的學費，就不能如期註冊，所幸表弟婚後稍有積

蓄，於是商借部分。當我緊抓住一大把鈔票交
學雜費時，激動得雙手發抖，我很想哭！

　　淡江夜讀四年期中，我白天工作夜晚讀
書，互不影響。民國五十四年秋，幹校戰地政
務文教班召訓，我以一個軍聞社記者的身分，
被調接受為時兩週的講習，這次受訓是新聞同
業的大結合，平時在報上見到名字的同業，認
識了廬山真面目，而經常碰面卻不知其尊姓大
名的同行，如今也得以相識。大夥兒在一起受訓，
暫將職務地位卸於仔肩。在復興崗學習兩週，
很快就過去了，這也是我第七次進出復興崗。

　　在淡江文理學院夜讀，加深了國學根柢。
入校時，全班高考及格的祇我一人，嗣知有志
於高考文書組者不乏其人，我很樂意把自己多
年來準備應考的心得與經驗廣為介紹同學，結
果很管用，多位同學先後順利登榜，省掉許多
寶貴的時間，免走許多冤枉的路。我學的是中
國文學，這門學問不學則已，一入門就像進了
無底洞，總之，文學是種藝術，可以說沒有止
境，不學則罷，要學嘛，十年八年二十年三十
年，也不見得學成什麼名堂，只是聊盡吾心努
力以赴而已。時光如流，四年即逝，於此期中，

我尚能知道用心學習，未使歲月虛度。

　　畢業後沒多久，我比同學多了一張證書──
─結婚證書，與同班同學申時方女士結婚，這
是經過四年的戀愛長跑，也是我歷經多年苦
讀，力爭上游始結良緣的收穫。

　　在淡江夜間部讀大學，白天做事，晚上讀
書，正過著半工半讀的生活，突然於民國五十
四年春節前，奉調接任軍聞社駐金門特派員的
工作，這次工作的調動，勢非得已，說走就走；
我未做絲毫的分外要求，而對於個人的進修來
說，當然是一大損失。再說親友均在台灣，偏
偏天寒歲暮、臘鼓頻催之際，像開荒似的，獨
個兒前往戰鬥的第一線，難免使平靜的心潮，
吹皺幾許波瀾，有時不免興起一種天涯海角何
處是歸宿之感，因此我的感觸是複雜的。

　　以當時的軍事新聞的比重來說，前線是最
主要的一環，而金門的地位尤其重要，自然那
裡的工作越發沉重艱鉅。要想做事，豈不正是
一個難得的機會？因此我感到興奮；久聞金門
戰志高昂，工事堅強，地方經建、社會福利等，
在在都是遵照三民主義的藍圖而實現，尤其聽
說金門的軍民仍然保有代表中華民族性的那種

農業社會所特有的樸實無華的習性和濃郁的人情味，使我心慕已久，可是百聞不如一見，此次趁工作之便，看看「廬山真面目」，對於民性特感興趣的我來說，當然是一大喜訊，所以我又感到十分興奮。因此在那年春節的前兩天，懷著既興奮又好奇的複雜心情，隻身飛往金門前線，去接任軍聞社特派員的工作。

　　我清楚地記得，那年的大年三十和初一之夜，是在金門日報社的編輯部裡過的。金門屬大陸氣候，春節時特別寒冷，那時李思炎學長當總編輯，半夜裡捂著腹部（患有胃病宿疾）寫社論，他的力疾從公的精神，教人由衷敬佩。夜半時分我們在熊熊的盆火旁，聊天以解寂寥，窗外頻頻傳來鞭炮聲，不時勾起陣陣離愁。那年我是在萬分孤寂的氣氛中，將舊曆年打發過去的。

　　到金門之後，有人告訴我，前線不同於後方，保密特別重要，即使有價值的新聞，基於保密觀點，往往被扼殺掉。其實我幹了半輩子丘八，這點常識是知道的，不過我覺得「金門」兩個字本身就有新聞價值，對於事件如果不便於正面寫，大可從側面描述，而且戰地事物俱

屬軍事新聞採訪的範圍之內，基於這一觀點，我發現金門像一個未經開採的寶藏一樣，到處充滿新的希望。為了挖一條有價值的新聞，有時我竟輾轉床榻，每值深夜，久久不能成眠。至於為了尋求一條新聞線索而費盡心思，歷經挫折，箇中滋味，誠如俗話所說：「寒夜飲冰水，點滴在心頭。」

　　我到金門不久，軍中正發起如火如荼的志願留營運動，我曾參加過幾次這樣的大會，親看戰士們慷慨陳詞，情緒之高昂，如剖赤肝義膽，令人感動。有許多戰士他們幾乎以殉道的精神，將自己的一切統統交給國家。於是我撰專稿特予介紹，中央日報曾刊於顯著地位。還有一位駐守小金門的花木蘭闞興蘭少尉，巾幗不讓鬚眉，毅然宣布終身志願留營，這消息如同春雷，震動了前線，也震動了台灣，中央、新生、中華、青年戰士各報均曾披露，效果甚佳。這對我來說也是一種鼓勵，如果說文學是生活的反映，那麼新聞文學尤應是現實社會的有力表現。我還想找個機會到前線的前線 ── 大二膽以及其他小島嶼去看看，跟戰士相處，從實際的生活體驗一下他們的處境與心情，報

導那兒戰士的生活實況，否則，只憑耳聞，所謂浮光掠影，即便在文字上再琢磨修飾，寫出來的東西總不是那麼一回事。

　　終於機會來了，那是一個最易勾人鄉愁的節日，金門司令官率員親赴第一線各島訪問，並攜有康樂團隊及大批食物前往慰勞。我哪還顧得欣賞歌舞，一踏上岸，先「偵察」一番，找一二位戰士聊天，起先他們還基於保密之故，不免有所顧忌，等我說明身分及來意後，他們也就視為自己人，天南地北，無所不談。我發覺了許多感人的奇聞：比如第一線的戰士晝夜嚴陣以待，一個個像小老虎似的，有幾分英氣豪氣，又有幾分怒氣殺氣，儘管如此，每個班卻都供奉小型佛像，而且不斷燒香，據說那是對岸破壞宗教，將菩薩也清算鬥爭後推入苦海，也許是浪跡千里外靈性一線通的緣故吧，這些佛像飄海而來，戰士們拾到後視如神明，予以供奉。又如比大二膽更小的一些島嶼，最缺乏的是蔬菜和水，因補給困難，每人每天只能分配兩三杯飲水和半面盆用水，至於蔬菜接濟不上的時候，只好啃黃豆酸菜罐頭，箇中苦味，非親臨其境難體會到。儘管如此，那兒

的士氣卻十分旺盛，同志間甘苦與共，人情味至濃，生活雖苦，苦中有樂。

　　新聞同業，視若兄弟，勢必競爭，不足為怪。我到金門後，同業中央社特派員郭堯齡兄給予指導頗多，當時，他已是十八年的「老金門」，穩厚持重，人緣頗佳，我們合作得很好。我初到金門，經驗不足，有時不免遜人一籌，因此我不想正面與人爭長短，我以為老發官式的新聞，總帶有標語口號式的八股作風，常來這一手，即便有效果，自己也覺乏味，乃想打破慣例，決心與傳統作風挑戰。是年四月十一日各報所載古寧頭老太太，即一百零二歲的李阿婆一稿，我寫此文時，純以文藝的筆法，儘量從人情味與趣味化方面去寫，結果中央、新生、聯合等報均採用。當然這樣做似與軍事新聞無關，可是在戰地砲火連連中，居然有得享如此高齡的老人，間接說明了金門仍有一股安定的力量在。後來我發現一頭兩條腿的豬，拍成照片，配以輕鬆幽默的文字，寄到台北後，效果之佳，堪稱空前，各報競相刊出，來個十足的「滿堂紅」，某英文報未收到此稿還向社裡提出抗議哩！可是後來我聽說社內為此稿一

度引起爭辯，反對者完全擺出衛道者姿態，以為軍聞社代表官方，發社會新聞，真是豈有此理；後來有了效果，當然誰也沒話講了。此事雖小，可以喻大，我總覺得，凡是官方黨方的新聞機構，無論再清高，再超然，總脫離不了政治色彩，否則即無存在之必要。可是立場儘管嚴正，但效果也應講求，否則一廂情願，擺出「老子就是這一套」的模樣，不管讀者反應如何，如此這般，不與廣大群眾發生血肉相連的關係，其失敗是注定的。因此我寫新聞稿時，必重技巧，必講方法，尤其寫特稿更注意於此。我覺得說一百句話，只要有三五句能產生宣傳效果，於願足矣。因此我從不單刀直入地謾罵敵方如何如何，自己如何如何偉大仁慈，然而在行文之中，不露痕跡地帶上幾筆，達到宣傳的目的，那是必然當然的。世界上任何政治團體，皆有排他律，尤其誓不兩立的敵對陣營，全世界的缺點都是他們的，而咱們自己則是完美無缺的，是上帝的化身，不如此似不足以言宣傳。不錯，黨方官方新聞機構皆為宣傳部門的一環，然而兩者之形態畢竟不同，報紙到底有異於口號，除了宣傳之外，它必須另外給讀

者一些東西。

　　我在金門的日子裡，不論寫特稿或是專電，儘管方式不同，但始終把握著前述寫作的原則，效果都不錯，有的專電竟蒙各報一致採用，不禁驚喜交集，對於一個新聞圈的新兵來說，精神鼓勵之大，可以想見。時光如流，忽又多年，金門給我留下深刻的印象，那兒淳樸的民性，濃厚的人情味，農業社會獨有的自然之美、寧靜之樂，還有戰士們堅強的臂膀、旺盛的士氣……，這些似乎都不容易在台北找得到的，雖然基於工作之故，我在金門的確也吃了不少苦頭，然而當看到自己心血汗水換來的工作成果時，這種快樂是金錢買不到的。

　　對我來說，金門特別有親切感，我的祖籍福建閩侯縣，可是我卻從未到過自己的故鄉，金門是福建的一個縣，那兒的泥土，那兒的氣候，那兒的民情風俗，總會跟家鄉有許多相似之處。有人問我：你說一口的天津話，體形個性沒有哪一點不像北方佬，你是哪門子南方人呀？你到過福建嗎？你會說福建話嗎？對於後一問題，我自會以福建話不下多種為搪塞；對於前一問題，如今我會理直氣壯地說：「我到

過福建。」（因為金門豈不就是福建省的一個縣嗎？）

十二、

　　民國五十七年，我從淡江文理學院畢業，獲文學士，但我仍繼續努力，我的進修之路是如此坎坷與曲折，而目的不外考上研究所。問題在於，我對文史哲學皆有興趣，無奈廣而不精，失之備多力分。

　　大學畢業後，曾經報考幾個大學的多種研究所，中文、歷史、新聞、哲學、三民主義等，皆曾試圖闖關，有的竟在及格的邊緣。所幸民國六十二年夏，我先後考取了台灣師範大學三民主義研究所和中國文化大學哲學研究所，這與我讀專科及大學之所學專業並不吻合，之所以均能上榜，主要是靠著多年準備高考和平時的努力自修所致。例如我從未接受正規的哲學教育，因為過去積極準備高考文書組，有多門哲學科目，一連看了多年的中西哲學，但憑於此，膽敢跟眾多哲學科班出身的哲學學士在考場上一爭長短，非僅登榜，且名列前茅。有的

朋友把我的專長侷限於偏重考證的革命史料方面，這是祇知其一而已。有人認為，無論研究人文或社會科學，終其極致似乎脫離不了歷史和哲學的範疇。果如此說能夠成立，我的教育背景並未與之偏離。最終我選擇了專攻三民主義的研究，由於師大三研所師資中不乏史學、哲學大師，有位老師上課時往往良久半聲不響，然而偶發一語，頗富人生哲理，足夠你想一輩子的，此其一端耳。所以三年多期間，從諸師遊，獲益良多。

　　師大三研所碩士班的傳統是三年以上才能畢業，我因工作之故，半工半讀，迫不得已又休學一年，前後一共讀了三年半，撰擬碩士論文時，考慮很久，到底以歷史還是哲學為範圍，一時遲疑不決，祇好以硬幣「卜卦」，終歸以歷史為主軸，乃作題為「國父革命與洪門會黨」的論文，指導教授敦請台大羅隱柔（編者按：羅剛，字隱柔）先生，幾經考問，始獲登堂入室。羅師乃三民主義理論及中國革命史的權威學者，師生對坐，無話不談。他盛讚中山先生是一代偉人。

　　民國六十五年，羅師以肺癌住院，病勢逐

漸沉重，當然再無法指導我的論文了。他以私人情誼，託付同事在師大三研所講授「中國革命史」的李雲漢先生代為指導。李老師學養深厚，正值壯年，滿口答應，慨然義務指導，既未收應得的鐘點費及指導費，且也婉拒掛名，這種既不為名，也不為利，一味犧牲付出，鐵肩擔道義的高潔風範，真為革命黨人精神的活現。多年來，每逢年節，我都沒有忘記李老師，有時登府拜見，有時電話問候，過年時更是帶點食物，少不了帶去台北金山南路山東老店「不一樣」的嗆麵饅頭。

　　民國六十六年夏，我師大畢業，獲得教育學碩士，嗣後在多所文武大專院校擔任講師，懍於國父名言：「出學堂之後，乃求學之始」（貽其哲嗣哲生函），故獲碩士後仍勤學不輟。教學之餘，鑽研國父生平行誼與思想學說，希透過史料考證，以明其史事因果關係，及其思想演進之脈絡。我專心研究中山先生思想行誼，到處蒐集史料，加以引證，涉獵頗廣，亦多心得，遂將積年研究收穫，發為專文，分別刊載於各學報及期刊，約計百篇；連同碩士論文「國父革命與洪門會黨」（民國六十九年九

月，正中書局）已出專著數冊，依序為：「國
父生平與志業」（民國七十一年五月，中央日
報社）、「國父生活與風範」（民國七十六年
七月，師大三研所）均獲國父遺教研究會頒學
術獎章；「孫中山家屬與民國關係」（民國七
十八年六月，正中書局）、「孫中山的大學生
涯」（民國八十四年十一月，中央日報社），
均獲教育部三民主義專題研究獎助。還有「孫
文思想與政略」（民國八十九年十一月，曉園
出版社）。另外與學者合著「民生史觀概論」
（中央文物供應社）、「國父畫紀」（國父紀
念館），曾應黨史會邀囑修正「國父年譜」（四
十歲以前部分）。亦曾參與編輯先師隱柔先生
遺著：「羅剛先生全集」。近著「國父暨革命
群英小傳」（國父紀念館出版）。

　　民國七十八年獲教育部頒「教授證書」後，
自忖執教多年，益感「教而後知困」，爰考入
師大三研所博士班，苦讀七載，卒以「孫文革命
思想闡微」一書，獲中山學術文化博士論文獎。

　　歲月如流，時不我予，一晃就是二十多年，
我由講師升為副教授、教授。好逸惡勞，乃人
性使然，有人說，當副教授的要比教授治學較

勤，發表的論文較多，因為有等級可升，有較多的揮灑空間。而後者既為大學教師中的最高級別，再沒有可升的餘地了，因為沒有任何的精神壓力，又缺乏「誘因」，研究的精神易於遞減，自然較少有著述發表。這種現象也可用在我的身上，因為我畢竟是一個平凡的人。

　　我想投考博士班，親友們均不理解，包括妻兒在內，都異口同聲地說，連教育部頒發的教授證書都拿到了，還讀什麼博士班？我的看法卻不同。其實像我這樣的年紀甭說再當「老童生」了，即使馬上披上了博士袍，戴上博士帽，恐怕還有人笑呢！不過話又得說回來，我六歲時，七七事變，從小跟隨家人到處逃命，九歲喪父，十三歲喪母，當過小徒弟，送過報紙，擺過地攤……最沒轍時，餓得在床上打滾，「飽漢不知餓漢飢」，世態炎涼，人情冷暖，自幼體會多矣！十七歲投效青年軍，輾轉來台，劫後餘生。軍中半工半讀，先則高考及格，繼則攻讀大學、研究所，但憑論著，升為副教授、教授，已經到頭，我卻「降格以求」，「逆向行駛」，決志考入博士班，追求學術生涯的「第二春」。

　　師大三研所創辦於民國五十七年，歷史悠久，師資優異，開風氣之先，然因多種因素，博士班一拖再拖，數度難產，以迄創所二十餘年後才成立，已是民國七十八年的事了。

　　當年五月，我即報考三研所首屆博士班。審查著作等項，我因早有幾本學術著作與數十篇相關論文發表，自然較佔優勢。口試時教授們幾乎都是誼兼師友的舊識，有的連問都沒問，就打了分數，而筆試佔有總分二十分的「國父思想」，原本是我教了幾近三十年的大專共同必修科，頗有把握獲得高分，無奈試題只有一個，採宏觀式的申論，我儘量申述己見，務求發揮所知專長，淋漓盡致，以致頭重腳輕，未能妥善地把握時間，均勻分配；對於最後留下的一個小問題，祇因剩下的時間有限，倉促作答，草率結束，因而成績受到影響，祇得到六十五分，這或許是未能一舉成功的關鍵因素。有人對我說，你既然被大家認為是研究孫學的專家，樹大招風，又那麼一大把年紀了，受人排斥自在意中。我初則信疑參半，繼則但信其無，厚著顏面，處之泰然。反正我不過是一個大時代的小人物，境遇坎坷，命運多舛，

失敗的教訓太多了！自然也就「債多不愁」，逆來順受的了！

　　首屆博士班發榜了，登榜的五人都是我的學弟，而老大不堪的我，以些許分數之差，列為第六，緊緊名落孫山。對於一個已順利地獲致教育部頒發教授資格證書的人來說，這顯然是一個精神上的打擊。後來那位給我「國父思想」打六十五分的教授曾當眾向我作揖致歉。何至如此這般，一切盡在不言中。

　　我一時雖然未能一圓再做老童生的夢，總屬遺憾的事。然而，我並未因而畏縮不前，我決定利用公餘之暇，隨堂旁聽，聽聽老師們到底講些什麼？博士班與碩士班究竟有何不同？我也跟著大家傾聽、研討、記筆記、作作業，一年兩學期下來，除非必要，絕少缺課。至於到底學到了些什麼，這卻很不好說。我覺得學習的態度似應勝過所獲。

　　民國七十九年六月，師大博士班發榜，我的名字列為三研所第二名（國父思想一門獲八十九分）第四名也是一位擁有教授頭銜的碩士班學長。對於講究面子的國人來說，既然當上了教授，而且年齡又是超過半百的人了，還要

跟年輕一如子姪輩的人一爭長短，甚至在比自己年輕二十多歲的副教授級的老師面前，起立敬禮，彎腰駝背，彼此之間，多少難免不太自然。更何況我倆在同一研究所暑修班兼教十數年，大家都是同事，而今一旦角色轉換，由老師變為研究生，這比由研究生進而為老師，感受大不相同。我想這層心理障礙，正是許多資深績優而缺乏高級學位的大專老師，縱然有志進修，更上層樓，但卻未能坦然地放下身段，不恥下問的最大原因之一。聽說洋人在這方面可比咱中國人看得遠、放得開，瀟灑得多了。

「夕陽無限好，只是近黃昏」，經過七年苦讀，終於獲法學博士。對於已夠資格領取「老人年金」的我來說，此際獲得一個博士學位，既沒有格外的喜悅，更不值得感到驕傲。因此，當我要披上博士袍，戴上博士帽時，我曾再三婉拒媒體的訪問與報導。

不過曾有一位年輕的晚輩，在細聽我訴說求學苦讀那種種極為曲折的歷程後，認為此事幾近乎奇蹟，因而使他深受感動。他多次激動地說，受到了我的影響與啟迪，他想不進修都不可能。已經下決心的他，要跟我走同樣的路，

先以專科學歷報考二技或插大，繼則一圓連戴三頂方帽子的夢，恐怕是十年以後的事了。我深知此子的確是塊讀書的料子，可是要走學術路線是一條多麼艱辛而漫長的旅程，難怪有人形容，要想終身走學術路線，無異於拿生命去作賭博，而且往往是一贏九輸。即使拿到最高的學位，充其量證明你有研究的能力，卻不能代表學術上的成就。

在屬於台灣學術領域的「孫學」（Sunology）之園地中，我還祇是一個平凡的園丁，實在沒有什麼值得炫耀的。不過我四十多年來求學與工作的經歷倒很奇特與曲折。流亡學生苦學有成者多矣，談經驗與心得恐怕還輪不到我，然而，若論求學境遇的艱辛與波折，像我這樣的人委實不多。如前所述，我不過只是不甘墮落，尚能力爭上游的亂世孤雛之一而已。遙想當年來台的眾多流亡學生，現今有的當了部會首長，有的官拜中上將，有的成為學者專家、名教授、大學校長……，比我強的人多的是。可是不要忘記：個人的努力加上環境與機遇，才有今天的你我。

十三、

　　三十年來，除在淡江大學講授「國父思想」、「中華民國憲法」外，並在師大三研所暑期研習班擔任「國父全書研讀」及「中國革命史專題研究」課程，復在國防醫學院講授「三民主義比較研究」課程。屆齡退休後，仍繼續教學研究，現在台北醫學大學共同科講授「憲法與憲政改革」課程，受聘為北京大學孫中山思想國際研究中心客座研究員、教授。中國人民大學歷史系兼職教授。近年來考教當局將孫學科目廢考廢教，各大學三研所亦紛改名稱，孫學研究似已跌入谷底。

　　然而就我所了解，大陸對孫中山的研究，是一九七九年後才開始的，主要是從歷史的觀點的研究，而且研究孫中山有成的學者專家十九皆具有史學專業素養，如廣東省社會科學院院長張磊、廣州中山大學孫中山研究所所長林家有、教授陳錫祺、陳勝粦、邱捷、李吉奎、桑兵先生等，還有南開大學魏宏遠教授等，時有夠水平的論著發表，而且在大陸上有關研究

孫中山的書籍，如「孫中山年譜」、「孫中山全集」，上述諸位皆曾參與其事。新近還有解放軍文藝出版社的「一代天驕・孫中山的歷程」一套書出版。總之，大陸同胞包括學術界人士對中山先生的看法是肯定的，認為他是近代的思想家、政治家及革命家。

在大陸，研究孫中山雖不是太熱的一門，但孫中山可作為精神標竿、一面旗幟來尊敬而已。天津師大教授侯建新博士還認為，中山先生特別是在晚年期間，致力於探討與共產黨找一條出路，由於他所處的年代一直動盪不安，或許基於某種因素（案如「因時制宜」、「因地制宜」），他的思想與策略頗具複雜性，正因如此，而為各方面所肯定與接受。故留下史學的問題較大，但大陸方面研究他的地方不是很多，以他的觀點作為指導現今的機會似乎也不太多。

由於當前社會欠缺一些有風格、有遠見的典型人物，青年人心目中也缺乏值得尊敬效法的榜樣，而孫中山先生的風範典型，正是中國近代歷史上值得效法的偉人。他的思想學說堪稱我們經邦濟世、安身立命的南針，所以我「在

漫長的歲月磨練中，益發增加了探討國父思想與行誼的意志」，透過「有關國父思想行誼的學術論著，以發一代聖哲的潛德幽光，闡述其思想學說，旨在激勵讀者，分享世人」。對於孫學的研究，如何振疲起衰，重復舊觀，猶待吾人努力。

可以這麼說，我畢生幾乎以全副精神致力於孫中山先生生平事蹟的研究，前後出過幾本書，對國父的思想行誼，我到處蒐集史料加以引證，務求詳實，因為我認為，寫一本書，有時比生一個孩子都難。每完成一部著作，對個人來說，是研究學術工作的一個重要紀錄，會帶來些許成就感的喜悅。但研究孫中山先生的思想與行誼，正如同史學家寫歷史一樣，要秉春秋之筆，明是非之辨，不容有任何偏頗差錯，否則會為後世造成誤導，貽害於人。我之所以能以嚴謹的態度，探討中山先生的思想行誼，真實地完成每一部著作，主要是受中山先生的偉大人格的感召。

《傳記文學》第 78、79 號
民國九十年四月、五月

徐大姑與我

今年（民國八十八年）二月十七日，是徐大姑九十歲的誕辰。早在春節前後，我已經寫信給在天津的兩位胞姊，並多次打長途電話，託付兩姊務必在徐大姑生日那天，前往祝賀，代我獻上遙遠的祝福，同時要特別選購一部品質好的彩色電視機致贈，聊表一點感激報恩的心意！

徐大姑跟我相識論交已經超過半個世紀了。遠在一九四六年的秋天，也就是抗戰勝利的第二年，當時因在抗戰期間迭遭戰亂、家破人亡而孑然一身的我，經由周松林大哥的介紹，進住於天津市北馬路的「閩粵會館」（現已改建為市立第二中心醫院）。當時有錢的親戚不肯幫助，而沒落戶則心餘力絀，與其忍氣吞聲，看人家臉色，不如憑一己自力更生。然而，一個因窮輟學、體弱多病、年僅十五歲的

孩子，又能憑什麼去討生活呢？無可奈何之際，只好在住處附近擇個地攤賣點兒童玩具之類。

那時候的徐大姑還不到四十歲，守節多年，住在娘家，只有一個十來歲的獨生子在綢布店裡當伙計。徐大姑精於女紅，從早到晚蹲在床頭邊做活兒，博取蠅利，但為餬口。

徐大姑察言觀色，深知我做小買賣的生活艱辛、小本錢很有限。一天，她暗中在腰際荷包裡掏出一大把花花綠綠的大鈔，突然塞進我的衣服口袋裡，說明這是借給我用做本錢的。這種助人困危、雪中送炭的義行使我十分感激。過了一陣子，當我做了點小買賣攢了點錢，隨即如數奉還徐大姑，孰料她說什麼也不肯收留，非要執意退還給我不可。這件事猛然使我領悟到：她壓根兒就想把自個兒平日一針一線所攢的錢也即長久以來的積蓄，毫無條件地送給我的。在徐大姑的身上我深深地感受到中國傳統婦女的美德。

十年前的春節前夕，我第一次重返闊別四十多年的第二故鄉 ── 天津，「少小離家老大回，鄉音未改鬢毛衰」，那種難以言喻的心情，一如百味雜陳。返津的次日，在三姊的陪同下，

攜帶禮物，前往紅橋區南環河南路一百二十二號，專程拜見徐大姑及其娘家親人。一別四十多載，年逾八十歲的徐大姑體軀傴僂，滿臉皺紋，垂垂老矣！若與往昔年輕俊秀的她相比，真是判若兩人。幾十年的彈指飛逝，景物依舊，人事全非。徐大姑的獨生子玉樹臨風，未及成家，就因病不治。早年守寡的徐大姑遭受這種椎心刺骨的精神打擊，內心悲痛可想而知。所幸老人家修持有素，化悲憤為助力，將全副的心力放在照顧其晚輩的身上。她對侄子女輩視若己出，付出了大量的心血。

　　在這近十年裡，我專程遠返天津探視親友有六次之多。每回天津探視徐大姑是行程重點之一，老人家雖耄耋之年。由於早睡早起，生活簡樸而規律，身體還很好，精神也不錯。多年前她因患重度的白內障，視線很模糊，幾乎淪為失明之虞，前年住醫院經過手術後，欣然重見光明，老人家的心情特別舒暢。原來是他的侄子女們六家各出人民幣一千元，湊用六千元的代價（對內地同胞來說，這不是一個小的數字），換取他們一向視之如母的大姑於垂暮之年的唯一希望與快樂。

　　所謂「受人滴水之恩，矢當泉湧以報」，
而交友遍天下，知己有幾人？徐大姑在我年幼
孤苦伶仃之際，伸出慈愛的援手，雪中送炭，
盛情感人，義行足式，永銘心田！欣逢徐大姑
九十歲大壽，我因教書課務所牽不能去天津為
老人祝壽，深感抱憾！在此遙祝大姑身體康
泰，精神愉悅！

《天津日報‧百姓家事版》
1998 年 3 月 8 日

作者與徐大姑及弟妹（左）合影

兩姊與我

　　父母生我兄弟姊弟妹共五人，我家不分男女一律按出生年齡一排行。大哥慶永民國十四年生，二姊和永民國十五年生，三姊立永民國十九年生，我行四名祥永民國二十年生，五妹福永民國二十六年生。父母於抗戰時期先後病逝，大哥失聯，不知所終，五妹於七歲夭折。

　　父親任職法院甚久，抗戰前當公務員的，天津人慣稱「在機關裡做事的」，待遇很好，很受人尊重。我們一家大小七口，皆賴父親薪資維生，雖不富裕，稱得上是「小康之家」。對日抗戰後，戰亂經年，民生凋敝，生活大不如前。父親溘然病逝，全家頓失依靠，母親焦灼憂愁，體弱多病，不久也去世了，跟著么妹夭折，大哥失蹤，在短短的三四年裡，一家七口祇剩下三人－－兩位姊姊和我，直到今天。

　　二姊和永（敏華）體健貌美，性情開朗豪爽，與人相處和諧，頭腦非常靈光，記憶力特

別好。我先後到大陸探親訪友，參訪講學共有十三次之多，詳細的時間連自己都記不清楚了，可是二姊卻記得一清二楚，背得滾瓜爛熟，此事雖小，然可喻大。她從小喜歡看小人書，後來廣泛涉獵書報，尤其嗜讀小說著作品，因此雖於抗戰時期輟學，未能接受完整的教育，但仍努力不懈地進修，知識面相當廣，書卷氣非常濃，很多人認為她從事的是文教工作，實際上她曾長期擔任銀行和公司的會計業務，宜乎數字觀念很強，心算迅速而準確，難怪每逢「雀戰」贏多輸少。自從退休後閒來無事，時與親友共築「竹城」，雖說衛生麻將輸贏有限，然而誰都想贏，有此「誘因」之故，於是牌友們都「手腦並用」，大可藉此調劑身心，防止可能惹身的老年癡呆症。二姊高齡七十七了，但她頭腦靈活，行動敏捷，操持家務甚力。

　　二姊生有三女，老大穩重節儉，外號「財迷」，大女婿開「面的」，機靈熱忱，我常開玩笑說：「你辦事，我放心！」其女卒業廈大國貿系。老二修長秀麗，慷慨直爽，有男子氣概，性情一如其母。二女婿乃帥哥型的海員，手頭大方，為人「四海」，其子外表如父，現

在天津名校南開中學攻讀，成為全家的希望。老么體健豐腴，賢淑勤儉，服務天津第二中心醫院，資深績優，人稱「萬老師」而不名。么女婿身體健碩，近年來心寬體胖，夫妻倆都是「重量級」的人物，閨房床鋪恐有不勝負荷之餘矣！他與岳家共同生活，在市外埠工作，經常值班，晨昏顛倒。回家後什麼事都做，沉默寡言，莫測高深。可是我每次返津與之生活，爺倆暢敘衷曲，無所拘謹，他的談鋒甚健，一改常態。他和大學教授交談，很有分寸，不亢不卑。其子聰穎多智，現讀天津一中，在諸長輩的呵護下，難免撒嬌使性子，可是見到他的老爸，一點轍都沒有，此無他，實乃「一物降一物」所致也。

二姊夫老萬身材魁梧，忠厚老成，早已退休，在家頤養天年，有什麼吃什麼，從來也不挑剔。與人為善，與世無爭，是個大好人。跟么女婿一樣平時很少說話，他們爺倆真是一對。可是每當我返津小住，二姊夫的話匣子一打開沒完沒了！二姊常開玩笑地說：「你姊夫一年的話在幾天之內都跟你講完了！」

三姊立永比我祇大一歲，天津俗話叫做「隔

年雙生」。姊弟倆從小長得很像，但個性卻不盡相同。我是家裡的么兒，母親特疼愛，經常使性子，偶有衝突或矛盾，三姊處處忍讓，儘管我發脾氣，時而口不擇言，甚於動粗，可她從來「打不還手，罵不還口」。在抗戰期間天津物質缺乏，每次放假與母親和姊妹見面，祇好煮一桶子雜麵（綠豆粉做成的麵條）充飢，三姊每次都給我盛滿滿的一碗麵，而她自己吃的卻是「稀湯寡麵」。她十三歲時已能照顧么妹，分擔家務。使我畢生難忘的是：我倆在讀小時同班，她曾替我織了一件背心，紅色的毛線不夠，乃利用白色的粗線，交叉編織而成，紅白格式相間，穿起來很好看、很溫暖！

　　三姊精於縫紉，早已臻於職業裁縫的水平。我於二十多年前在台北市一家著名的綢緞莊特別訂做了一襲絲棉袍，光是手工費就要新台幣伍仟元，所費不貲。久穿之後，袍裡多處破損，妻要把它扔掉，幸虧我明眼即時「搶救」，方始倖存迄今。前年我又返津探親，特將它帶交三姊設法彌補，她琢磨良久，沒過幾天竟然找到相同顏色和質量的布料，貼貼補補，一針一線地細心縫補，「妙手回春」恢復舊觀。我

對三姊這一手佩服極了！把它帶回台北，我十分得意地向妻女們展示，她們都嘖嘖稱奇！且感，且佩，且愧！無言以對。

　　三姊生有三男：長男從事營建業，自負盈虧，現在青島包攬工程，經營得還不錯，長媳現為職工，理家有方。其女就讀於上海某大學的實用企統系四年級。次男華南理工學院學士，旅居加拿大，從事室內裝潢業，與妻兒共生活。么兒聰穎穩健，擅長寫作。現在洛陽、鄭州經營餐館得法，一年之內就賺回了巨額的本錢。

　　想想八年抗戰的遭遇，使我父母早逝，兄失蹤，妹夭折，家破人亡，原本七口的小康之家，沒多久祇剩下三人－－兩姊與我。由於客觀環境所限，手足闊別四十年，恍若隔世。近十多年來始常相見。我們姊仨早已成家立業，子孫滿堂。回想母親訓勉我們要爭口氣，這是她老人家留給我們唯一的財產。宇宙縣邈，人生有限，我們要做的事太多了，在物質上要知足常樂，在求知上要活到老，學到老所謂「墨磨日短，人磨日老，寸陰是競，尺璧刀寶。」如引革命先進黃興先生之名言，以自勉，並激勵晚輩加油。

吾妻與兩女

　　時方與我相識於民國五十三年十月間，當時我考入淡江文理學院夜間部中國文學系，那時我身為陸軍少校，每月薪俸只有新台幣四百六十元，可是繳納學費每學期一千二百元，當時我怎麼受得了；所幸天無絕人之路，柳暗花明又一村，想到了表弟李貴和上尉新婚不久，身上恐怕還有剩餘的資金，向他借貸學費，言明再過兩、三個月如數奉還，表弟二話不說，從口袋中掏出一千兩百元，給我一時濟困，解了燃眉之急，這時我拿著這包錢，當我繳納學費時，雙手抖得要哭，為什麼想流淚，自己都不知道呀！

　　岳父申慶璧乃雲南鎮雄縣人，少年隨軍征戰，追隨雲南代主席李宗黃為雲南省主任秘書，民國三十七年當選為國民大會代表，民國三十八年時，大陸失守，乃隨政府來台，歷任

數職，嗣任淡江文理學院教授，由於認真負責，公正無私，擅長書法文牘，故兼任主任秘書，受文理學院院長之重用。

時方畢業後，歷任中文系助教，其後歷經數年，升為講師，認真負責，為人和善，頗具父風，她對同學很關懷和氣，如四十年前教過的法文系同學，後為駐法代表，至今尚有來往聯繫。她現在忙裡忙外，總是一團和氣，春節時分，總準備紅包分贈清潔工人，雖不認識，也不例外。又如郵差每來送信，即備運動飲料一罐相贈，以示感謝，故凡對親友皆重感情。如今她年已七十，每天照顧外孫女恩立、樂樂，到幼稚園接送，老師對其至表欽佩。這種作風，承其母之美德，外甥女海倫幼時在外婆家住，與外婆感情極為深厚，愛人者人恆愛之。海倫去國二十餘年，每逢佳節，必先打長途電話給她一生中最為想念的外婆，時方不時想起，以為自己持家的榜樣。

時方處理家務，乃具有刻苦耐勞之德行。我倆成家以還，刻苦自知，凡舉家購屋，皆平常個人節儉所得。於民國五十八年在新莊購屋。上下兩層，後在台北租了房子，於民國六

十二年在台北市永康街購屋約四十坪，十年後
另購屋，係岳母先墊付款，足見母女情深，於
今長女宜君於五十九年二月出生，臺北師範學
院就讀幼兒教育師資科，後就讀輔仁大學生活
應用科學系，並獲餐旅管理碩士學位，工作認
真負責，考取十數種證照。次女宜文於民國六
十二年八月出生，政大中文系畢業，中央大學
中文系碩士、東吳大學中文系博士，畢業論文
主要為張愛玲研究。

我的兩個女兒

　　我家近來有兩樁值得一提的事：一是有人為長女介紹男友；一是次女考上大學博士班。這該是「雙喜臨門」的好事，也許是好事多磨吧！最近我卻因此而平添了些許白髮。

　　長女宜君出生於一九七○年，先後畢業於台北師範學院幼教科、輔仁大學生活應用科學系。多年前，在她當幼稚園教師時，身為“孩子王”，她很疼愛那群天真活潑的小朋友，付出大量的愛心和耐心，呵護備至，很得人緣。一位長得非常清秀的小男生曾問她：「老師，我想跟妳結婚。」這突如其來的一問，把宜君問得啼笑皆非，不知所措。後來她以專科學資考取了大學插班，跟同學相處融洽，曾當選班代。她在輔大當了一年的助教，教學相長，很有收穫。現任台北縣一所高職教師。

　　宜君深得其母的遺傳，幾近「工作狂」狀

態。天下事有得必有失。雖有多位大學時的男同學對她示好愛慕，大家經常聚會郊遊，可她倒「一視同仁」，只重友誼而不談愛情，自以為如此這般反倒樂得輕鬆無累。可是親友們都為她操心：女孩子的青春有限，早晚也得出嫁呀。她的外婆最近託人介紹，認識了一位身高體健、年方而立的工程師。原來這位家境清寒、苦學有成、科技大學的高材生，正是我過去服務單位的老鄰居之子。十五六年前，他還正在讀初中，父為技工，母親是個典型的賢妻良母，茹苦含辛，撫育子女六人，且多完成高等教育。原住的簡陋平房已改建為三層洋樓。「讀書可使貧變富，由富變貴。」這話在他家中找到了確切的印證。如今青年自主性強，男女雙方除了條件，還要看緣分了！

　　次女宜文自又聰穎、黠慧，鍾愛作文、繪畫，可以說有藝術天分。高中快畢業時，即以國文資優生保送政治大學(類似中國人民大學性質)中文系，四年後又以成績優秀遴選入中央大學中文研究所，攻讀三年，獲文學碩士。年前，她曾隨團至哈爾濱參加國際性的「紅學」(紅樓夢)學術會議，返台後猛效仿東北同胞說話時

慣用的捲舌音。因她獨鍾新文學，長於文藝創作，乃考取性質較接近的東吳大學中文研究所博士班。本來她現在就可當大專院校國文講師的，可是從外觀看起來她依舊像是一個高中生。在校園集會時，人家看到她坐在博士班行列，都投以驚奇的眼光。但她只想全副精神進修，等四、五年拿到博士學位以後再說，「鐘鼎山林，人各有志」，只好順其自然了！

在台灣升學競爭甚為激烈，年輕女孩子能順利考取博士班的並不多。前一陣子，她大舅還跟我開玩笑地說：「你家只有四口，卻擁有博士、準博士兩人，這佔比例未免太高了！」哪知道終身有志治學，必須耐得住清苦與寂寞，無異用生命去作賭博的呀(蓋其九輸一贏之故)！

雖說男女平等，然而女孩子的青春畢竟有限，尤其珍惜！就以 25 歲的適婚年齡為界限，可以這麼說，愈年長一歲，條件似就屈降一級。這是為人父母的對女兒終身大事特別擔心的主因。由於教育水平的普遍提升、職業婦女遽增，其獨立自主性益強，晚婚甚至不婚(所謂單身貴族)愈來愈不稀奇了！二十多年前，我在台灣師

大讀研究所時的一位女同學，秀外慧中，能言善道，既像工作狂，又是標準的孝女，嗣獲博士，任教大學，許多愛慕她的男士限於學位經歷等等，皆不敢「問津」，以致一任韶光流逝，現年逾半百，依舊孑然一身，「老」姑獨處。擁有高學位者現今不但難找工作，似也不容易遇到真正的知音，這是鐵般的事實，絕非矯情之論。我生只恐怕有哪個女兒，將來會步其後塵，為人父母的，又怎能不擔心？

　　儘管如此，時代變了！所謂「父母之命，媒妁之言」的傳統習俗，難以獲得「新新人類」的贊同與肯定。對於兒女的終身大事，也只能兼負長輩與朋友的雙重身分，協助多方面觀察，提供些許意見，以供「主角」參酌而已！

　　由於歐風美雨的侵襲，自我意識高漲，近年來台灣的離婚率已達四分之一，這與卅年前美國平均離婚率完全相同，而今美國離婚率已達百分之五十一。美國富甲天下，金錢並非萬能。難怪西方先覺之士早已倡行「把人類的希望寄託於東方」之想呢！

四十年來的家與國

四叔感慨地細述多年來歷經浩劫的種
種，那是一頁又一頁用血和淚編織成的
生命史，如今談來，內心的創傷仍難癒
合……。

午夜夢迴，思念故鄉

闊別故鄉整整四十年了，而我患有「思鄉
症」恰好有五分之二的世紀！常住寶島，四季
如春，現今我們享受著豐衣足食、繁榮美好的
生活。

然而，在心靈深處，依舊難免有空虛、寂
苦之感！至少對於我個人是如此，那就是對故
鄉的長久懷念！

每當午夜夢迴，不禁汗流淚下，一時不能
自已！為了一償還鄉的夙願，我不得不做出痛
苦的決定，突破政治禁忌，要趕在舊曆新年的
前夕，插翅飛過海峽的那一邊。

　　這是一個春寒料峭的清晨，從廣州市某旅社出發，我隻身拖著笨重的行囊，叫部計程車開往白雲機場。那位年輕的司機一路上跟我閒聊。

　　當他由猜測而證實了我只是一個「教書匠」而已，立即以一種譏諷不屑的口吻表示：你們這些讀書人的工資太低，沒有社會地位，待遇遠不及我這開車的司機。他說得振振有詞，頗有志得意滿之態。當然我也就沒告訴他我是從臺灣來的。

　　在白雲機場枯候甚久，原定上午十點五十啟程飛往天津，不知何故，突然廣播改為十二點。持「飯票」排隊領了一個「便當」後充饑。詎料又聽到廣播，一下子又延長到下午一點，什麼原因，沒有人知道。令人難免興起「上了賊船」的不安定感。在無奈之際，我氣得直發牢騷，嘴裡不時嘟嚷著：「這簡直是跟著感覺走麼！」候機的乘客們聞後，不禁為之一笑。

居家設備，簡陋不堪

　　經過了兩個多鐘頭漫長而尚平穩的飛行，

終於下午四時許抵達天津機場。一出艙門，寒風刺骨，儘管我心理上早有準備，穿得很多，然而畢竟抵擋不住北國隆冬的酷寒侵襲！走著走著，情不自禁地「戰慄」起來，臨近機場的出口處老遠，就聽到有人喊我的小名，那聲音是十分親切而熟悉的，是只大我一歲的三姊的喊叫聲。

等我緊張而急促地步出機場，出口的鐵柵門處，聚積著一堆熟悉而又陌生的面孔，原來除了我的兩位胞姊外，其餘的平輩與晚輩等，都是生平第一次見面。好在歷經十來年的通信連繫，彼此郵寄往返的照片中，大家都有些印象，自然用不著介紹與寒暄，也都還認得出來。

令我驚喜萬分的是：我那原來跟他母親（我的三姊）感情不睦的大外甥，也特別從塘沽遠道而來，迎接我這從未謀面的舅舅。據三姊說，在我的三個外甥當中，他長相最像我不過了呢！

天津，這個將近六十年前我出生的地方，四十年來我夢寐以求要回的故鄉，今夜，又重新展現在我的眼前。一切都變了，變得是如此的陌生，彷彿來到一個全然生疏的國度，令人輒興白雲蒼狗、世事無常的慨嘆！

　　我被安排住在二姊的家裡。那是坐落在南開區一棟四層樓的住宅，兩房一廳一起居間，大約等於廿五坪左右的面積。一家四口居住，在大陸上的都市來說，這已算是中上等的生活程度了！只是僅能容身的廁所是「蹲坑式」的，站著小解很不便，大解則更麻煩了。

　　又因根本沒有盥洗間與其設備，舉凡日常的洗臉、漱口、洗腳等，跟四十年前完全一樣：先把燒熱的水壺裡的水倒在洗臉盆裡，然後再對冷水調節適當的溫度後，再將毛巾放入洗面。漱口的取水過程大致也是如此。其中的不便處，不是現今住慣了具有現代化衛生設備的住宅居民所能體會與想像得到的。

　　隔了三天三夜都沒能洗澡，身上有點兒發癢，感覺很不舒服。因為長久以來住在臺灣，每天都要洗澡，早已成習慣。這次千辛萬苦好不容易重返故鄉，按理應該「入境問俗」、「客隨主便」才是。

　　儘管我告訴自己要盡量將就些，可是身不由主，愈來愈覺全身奇癢，到了非得用水滌身、除掉泥垢不可的地步了！年邁的二姊特別給我燒了熱水，還把室內的煤爐火升起。一個可以

勉強坐下去的浴盆盛著大半截的熱水才告完成。

　　雖然我儘可能靠近火爐的旁邊，但在這大雪紛飛、天寒地凍的冰冷之夜，我甫脫上衣就被寒氣所迫，全身凍得直打哆嗦！處此情況，索性來個「兩部曲」── 先洗上半身，再洗下半身。

　　萬萬也沒想到：這一洗不打緊，竟使原本長途旅程勞頓不堪而患的感冒更加嚴重了！後來的幾天裡，弄得整個人一點精神都沒有了。雖然每到一家親戚處，都十分熱情地準備了許多的酒菜等家鄉味兒，可是說什麼我的胃口都提不起來。一連幾天，幾乎是三餐不分，皆以稀飯與鹹菜果腹。

　　大年除夕（三十）的下午，三姊帶著我前往河北南運河南路，特別去拜見四十多年未見面的徐大姑及其家屬。

悲悽往事，不堪回首

　　大年初一的清晨，隔窗望觀，白雪皚皚，一片美麗的銀色世界！聽到在天津過春節有幾年沒下雪了，瑞雪忽降，還是第一次呢！被我

趕上了，怎能不高興哩！

　　上午十點左右，跟隨二姊、三姊、兩位姊夫及我五人一行，準備去四叔家去拜年。事前，我問兩姊給四叔拜年是磕頭還是鞠躬，都說老早就不興這一套了，現在見了面也就等於拜過年。難怪姊家的晚輩們過年時見了我這個舅舅，根本毫無拜年的跡象。

　　儘管「新中國」的禮俗「今非昔比」，隨它去吧！我還是「老古版」，不能忘懷兒時歡度新年的種種「規矩」，準備了十幾個紅包，吃年夜飯後，照送晚輩每人一個，也好讓他們「討個吉利」。

　　初一的上午，四叔及嬸見我突然來了，驚訝不已！四嬸立即喊出我的小名，很可能是早有「照片為證」，印象中一對即認得出來。四叔剛剛睡醒離牀，冷不防地看見我，還以為是在做夢。叔侄一別就是四十多年，往事如烟，從何說起呢？我那從來沒見過面的堂弟親自下廚，做了滿桌的菜餚，還特別為我打開了陳年洋酒，大家團聚一起，邊吃邊喝邊閒聊。四叔感慨地細述多年來歷經浩劫的種種，那是一頁又一頁用血和淚編織成的生命史！

　　其中最令人不可思議的是，在文革期間，由於中共的逼供，非得把個人過去的政治背景交代清楚不可。四叔為了迎合他們的意旨，被逼得無可奈何，祇好忍氣吞聲地為自己編造一套「莫名其妙」的離奇經歷，這種「甘願」陷自己於不義的謊言，幾乎成了當時「苟全性命於亂世」，其唯一可行的歧路，別無選擇。事隔多年，四叔談到過去的種種遭遇，內心創傷仍難癒合！

　　大年初二，窗外屋頂積雪甚厚，一片銀白世界，北國風光，壯麗無比。本想外出探訪親友，聽說道路積雪，不適於行，祇好待在二姊家中。

　　午餐前，二甥婿特購當地名菜烤鴨一隻，大外甥女下廚，做打滷麵，摻有紅粉皮等料，這是天津街的小吃之一，未嘗此味兒已四十多年了！吃得津津有味，稱道不已！

　　餐後，三位外甥女與三位甥婿聚集一堂，向我談起文革期間的種種乖謬舉措，真是聞所未聞！不能以常情常理去解釋。當「上級」得知他（她）們有所謂「海外關係」時，一個個都被列為「問題人物」，無論求學與就業等，

都受到嚴格的限制與嚴重的影響。

我的大外甥女初中畢業後就輟學了，主要的因素是她有個舅舅（筆者）在臺灣。我也不禁想起：多年前，遠居蘭州的三姊一家人，也因為我的緣故，而弄得他們夫妻感情不睦，隔閡愈來愈深，終至家庭拆散！每念及此，內心如絞！我是多麼想對那群因我而受到無辜之罪的親人們，予以精神和物質的補償。可是令人失望得很：這次好不容易、千里迢迢地重返故鄉，很想達成這個心願。然而，事出意外，我三姊第二個兒子始終站在他父親那一邊，說什麼也不認娘。

我回天津時，他正住在塘沽他大哥家中。我費盡了口舌，希望他大哥能說服他，與我這舅舅見上一面，他說什麼也不肯。託他大哥把兩隻金戒指代贈他和他的「愛人」，也遭退回。但為此事，我氣急敗壞，情緒糟到極點！冷靜地想想：這個早已做了爸爸的大孩子，連親生他、撫育他長大成人的母親都不認了，還能認我這個被按上「海外關係」而「害」過他的舅舅嗎？

制度差異，購物受氣

凡是去過大陸的人，恐怕都有一種共同的經驗，那就是花錢買東西不再是一種「享受」，往往要「看臉色」，受莫須有的「窩囊氣」。這足以顯示了海峽兩岸兩種不同社會制度的差異，相互比照，很值得玩味與省思！

大年初四的正午，最小的外甥女及其夫婿陪我逛市中心區勸業場一帶。往來行人熙攘如織，商店生意特別好。在這繁華的鬧區沒有許多的飯館，大多數都非常的凌亂、骯髒，望而生畏，不敢涉足其間。很不容易找到一座飯店的樓上，比較整潔，但定價很貴，也就既來之則安之了。

我們叫了兩盤炒菜、兩斤魚肉水餃（大陸麵飯皆論斤稱兩）。吃著吃著，口中發乾，想要一碗餃子湯，外甥女婿跟服務員交涉，沒有結果。她說我是從臺灣來的，意思是對方看在我這「台胞」的份兒上，網開一面，給予特別的「禮遇」。

詎料那位中年的服務員仍舊擺出一副晚娘

的面孔，公事公辦，絕不通融！所謂「人在矮
簷下，誰敢不低頭？」咱們也只好認了！後來
吃完飯，菜餚與餃子還剩了許多，棄之可惜，
既然是花錢買的，我們決定把它帶回家去。

　　外甥女婿向服務員要一兩個塑膠袋，結果
又碰了壁，無可奈何之際，他只好跑到外邊，
不知道從那裡買了兩隻塑膠袋，這樣地折騰了
很久，才把剩餘的食物裝走。

　　幾天來，經常在親戚的陪同下，參觀大型
商場所展示的各種各類的商品。十九都是所謂
「國營」的，服務員拿的是公家按月發的固定
工資。由於本身不負盈虧的責任，生意好壞於
己無關，工作再忙，拿得還是那幾個錢，既然
如此，樂得輕鬆，閒暇無事，便在櫃檯裡彼此
聊天，打發時間。

　　有顧客找上門來，無異等於增加他（她）
們的「精神負擔」，就好像是「故意來找麻煩」
似的。這種「既花錢，又要受氣」的滋味，的
確很不好受。我曾想買西裝與大衣，但售貨的
服務員拒絕予以套量，連尺碼合適與否都弄不
清楚前，又怎能買呢？

　　至於服裝與皮鞋等衣物，儘管其質料還不

差，但其色彩、款式等外型，十九土裡土氣，低俗得很，足見其工商業的產品根本沒能與藝術、科技相結合，尤其沒能針對消費者的心理與需求而設計，這是統制經濟下的弊端，舉一反三，大陸上的經濟不容易搞活搞好，歸根究柢，恐怕還是社會及經濟制度方面的問題，此結不解，餘無論矣！

知識分子，內心淌血

二姊徵詢我的意見：要不要跟當局的領導見見面談談。我以「時機尚未成熟」婉辭。後來有兩位年長的高幹來二姊家拜年，經過一番介紹，我很坦然地跟他們談了很久。

聽說在大陸的青年要想進大學，必須通過所謂「高考」（即高等院校考試，類似臺灣的聯考）。但是有錢有勢的卻可以走後門，照讀大學不誤。這對久居臺灣的人來說，是不可思議的事！我說：「在臺灣，即使是蔣經國的兒子考不取，也甭想進大學的門兒。」他們聽了，相顧感嘆，至表驚訝！其中一位很感慨地說：「你看看人家！」

　　在大陸逗留的時間雖短暫，但我還是儘可能跟高級知識份子多做廣泛的接觸。我冷眼旁觀，發覺大陸上的學者如果大家集眾一堂，發表學術性的演講，似乎頗具共同的一致性。尤其是宣讀論文時，講到前言與結論部分，動不動就是什麼「中國是半封建半殖民地的社會……」，千篇一律，了無新義。

　　惟其當你與他們個別自由交談時，對方會將內心底話「透明化」，那種心靈的溝通，的確是精神上的至高享受！自從毛澤東掌握政權後，讀書人被譏諷為「臭老九」，從「反右派」到「文革」，知識分子在社會上的地位降到谷底。現今一個大學教授的每月工資不過人民幣兩百元左右。不及臺灣大學教授兩個小時的鐘點費。而工人的待遇有的反而超過大學教授，如此這般，「體腦倒掛」，所謂「研究原子彈的不如賣茶葉蛋的；執手術刀的不如拿剃頭刀的。」這不是笑話，而是千真萬確的社會寫真。

　　當我親聞一位大學教授訴苦說：「我的工資僅能維持基本的生活，哪裡還有多餘的錢買書呢？」我的天哪！培植一個大學教授真是談何容易？聽那位教授底話，我內心在滴血。

　　處在今天知識爆炸的時代，還有什麼比知識更重要的呢？現今尖端科學的發達，得力於知識者多矣！大陸當局竟將大學教授的待遇抑制到與農工相等，這是「假平等」，而平等主義的盛行自然有礙於國民品質的提升。

　　大陸上有一個令人憂喜參半的現象是：包括中共高幹在內的廣大民眾，對孫中山先生革命精神至表肯定與推崇，但是，只能提孫中山，而不准提三民主義。

　　一般人民對臺灣的經濟發展，與社會繁榮均表嚮往與傾慕！殊不知這正是三民主義在臺灣實驗的結果啊！

　　　　　　《國魂月刊》583 期
　　　　　　民國八十三年六月發行

我理想中的淡江大學

　　天下事從無到有不易，從有到好尤難，本校創建迄今，已歷十七年，其間奮鬥創造，慘淡經營，幾經苦難艱辛，始有今日成就；當知壯麗校園一草一木俱為汗力所交織，巍巍黌宮片磚隻瓦皆是心血所陶鑄；於今蔗境彌甘，飲水思源，使我們越發對本校創辦人毀家興學的遺範及諸師長學長克難建校的精神，實有無限的敬佩和感念！

　　本校現有四學部，三十餘科系，教職員八百有奇，學生已近萬數，加以校風優良，設備完善，無論在實質上、型態上均已具備大學的條件，改制為大學乃為當然必然之事。可是凡事多一分準備多一分收獲，當我們在迎接淡江大學即將誕生的前夕，尤須努力更努力，進步再進步。讓我們同心協力為母校勾劃出一幅理想的藍圖吧！本於愛校熱忱，爰申個人管見如

左：

一、淡江是中西文化滙合交流的中心：我們深信：只有中國固有的文化和西方物質文明相結合，才能創造一個和平、安定而繁榮的世界。因此復興文化決非復古，而是將倫理、民主、科學治唯一爐。本校前身雖為英語專校，然於我國傳統文化極盡維護，此於古色古香校園中可見一斑。竊念今日世界亂源，因素固多，而國與國間認識不清，情感隔閡，實為最大癥結所在；語文為溝通思想感情的媒介，多諳一國語文，如增一副耳目；而英文又為國際語文，實為治學必備工具。本校向重國文英文訓練，於是項教學成績斐然，師資既優，設備至善，頃與日本中央學院大學簽訂教育合作協議，頗受社會重視，誠為杏壇盛事。中西文化交流，意義非常重大，希望學校將此歷史重任毅然扛起，並擴大合作範圍，促進民族間的認識與瞭解，使本校成為世界性的文化活動中心之一。

二、淡江要作全國大專院校的標竿：台灣教育雖很發達，而教育風氣每況愈下，是為事實。以言師資，教授中窮年皓首以求一經，辛勤舌耕窮約以老者，實在不乏其人；而光憑編

一本講義，打一輩子麻將的，也為數不少。以言學生，焚膏繼晷，埋首苦讀者固然在所多有；只是拿了學分就算，一味混資格，只等戴方帽子的，也頗有其人，改進之道，似宜先樹師道之尊，並求教學之嚴。林語堂先生以為：大學在於易入難出，不在難入而易出。簡單十數字，道盡高深的教育哲理。本校所實行的嚴格考試制度，可謂洞燭機先，開創佳例；至國英文會考，旨在提高同學語文能力，良法美意，頗著效績，此事已引起教育界的一致重視，有的學校刻在計畫仿照實行。總之，一種良善風氣的培養，不是短時間可以奏功的，我們的理想：希望本校能起示範作用，全體師生都能以行動來轉移當前教育上的頹風。

三、淡江是中外聞名的大學：優異的師資和完善的設備以及良好的校風，洵為一個著名大學必備的條件，依此推論，臚陳淺見：

（一）禮聘學者專家，培養優秀師資：師資為學校之靈魂，本校教授陣容堅強，多為國內知名之士，為國育才、嘉惠學子，無分晝夜，絃歌不輟，精神至為可敬可佩。惟以現今大專師資已感匱乏，如何培養學術人才，自為切要

之學，本校對就讀各校研究所學長加意培植掖獎，並預聘其學成返校任教，可謂用心良苦。希望本校盡速成立英語、數學研究所，最好國文研究所也能同時誕生，不啻從事學術研究，並兼負改進教學之責，深信本校研究所的創設，其於母校地位的提高以及同學國英文、數學程度的加強，俱有深大的助益。

（二）改進教學方法、充實圖書設備：現今各大專院校講學仍採「口授」方式，經年累月，了無改變，若遇熱心又飽學的老師，當然只覺得時間過得太快；然也有些先生們不是唸講義，就是寫黑板，形同疲勞轟炸，似無啟導可言。誠然，口授總為主要教學方式，但如果能兼採討論、辯論、作業等方法，成立共同課業教室（如　國父思想、歷史地理等教室，配有各種圖表和儀器，可資利用）；進而加強電化教學，如反映紀錄片、幻燈片等，對教學效果來說，可能事半而功倍，本校不妨參考試行。至於學校圖書館藏書已甚可觀，每週皆陳列中西新書；惟地分兩處，書籍不能集中，而城區部成立未久，各種參考書籍應有進一步充實之必要，期使師生均能充分運用現存圖書，養成

主動研究的風氣。

（三）發揚優良校風，治德體群並重：本校創建伊始，篳路藍縷，備嘗艱辛，前董事長黨國元老居覺生先生，悲天憫人，志切報國，至其潔志永操，足以垂範後世；創辦人愛國志士張驚聲先生高瞻遠矚，毀家興學，志在教育報國，於茲桃李遍布；今院長傑出青年張建邦先生繩繼父志，樹人功深，卒使校譽益隆，躋於大學之林。這些革命家教育家偉大的精神像黑夜裡的明燈，指引著我們努力前進！

昔日北大、清華、中山、中央等著名大學的學生，皆具有獨特的風範，我們淡江生於堅苦，長於戰鬥，繼承傳統的愛國美德，懍於「樸實剛毅」的校訓，自當發揮克難實踐的精神，從而負起改造社會轉移風氣的責任，是謂德育；多年來流弊所及，我國高等學府或醉心西化而棄國本於不顧，或抱殘守缺固步自封，過與不及，其失維均。本校向以擁護國策為重，然於學術研究上，我們要永遠跑在時代的前端；讓我們運用超特的智慧、無比的恆心和豐富的想像力，達到「創新、突破、競進」的境界將所學的新知，作濟時的甘雨，是謂智育；

現代的青年，要有文明人的頭腦和野蠻人的身體，本校向重體育，各種球隊名震遐邇，每戰必勝，所向披靡。我們熱切期望這種優良的運動風氣，震盪了每一個淡江學子的脈搏上，使大家都活躍起來，生命永遠充滿了春天，是謂體育；由於惡性的升學競爭，學子一味死啃書本，竟漠視團體活動。改進之道，不妨多多舉辦聯誼會，大家歡聚一堂，或以遊藝助興，或暢敘衷曲；如假日郊遊、參觀等，或投向大自然環抱，以娛身心；或遊歷各地建設，以增見聞。總之，加強活動，以培養團體意識，倡導合作精神，期能群策群力、同舟共濟，是謂群育。

　　科學進步，一日千里，唯適者能生存。世間事皆人所創造，基於人定勝天之義，本校從篳路藍縷至巍巍黌宮，期間歷盡艱辛，始克有成。由於私立學校自主性較大，且張院長英年奮發，近年來校務蒸蒸日上，乃為有目共睹的事實。不僅如此，今秋全國十大傑出青年，母校師生榮膺二席；邇來高考之三榜首，校友竟居其二，這充分證明了淡江人才濟濟，前程遠大！

　　淡江有光榮的歷史，淡江有優良的校風，

淡江有第一流的師資設備，淡江有數千校友散佈海內外各地，為祖國的文化而播種。我們有理由，更有信心：明年的今天，我們將親眼看到淡江大學像一顆燦爛的彗星，在自由祖國的杏壇上大放光芒！

民國五十七年五月二十七日
《淡江週刊》

附記：民國四十年間國防部規定，現役軍人不得報考大學文法科系，唯限投考理工者報名。吾輩自幼孤苦半工半讀，雖具高考資格，不可能有資格另謀出路，只有報考大學夜間部。苦讀四年，於民國五十七年畢業於私立淡江文理學院。因報考該校，結識同班申時方女士，後成就婚姻之喜，乃我人生之轉捩點。

「孫學」大師任卓宣教授

人類求生的原動力有三：為生存而求食，二為生命而擇偶，三為生計而求知。所謂「生我者父母，教我者師長」，自然生命來自於雙親，而精神生命泰半得自老師。天下至親莫過於父子，然影響我們一生的良師可能有甚於父母。我國盛讚孔子乃萬世師表，中西以為孔子為中國地位最高之人。

經師指點，茅塞頓開

人在一生求學或進自修當中，真正從心窩裡服的經師人師，恐怕不會太多。蓋經師已不易求，人師尤其難得。任卓宣先生不但是經師之楷模，更是人師的典範。

任老師自幼家境寒素，早年參加「勤工儉學」留學法國，時尚所趨，青年十之八九醉心

於社會主義。跟當年許多思想激進的留法學生一樣，任老師入了共產黨，後來潛研三民主義，終生篤信不渝，自是無論研究、教學、著述及活動等，皆以三民主義為宗。我曾直問老師，畢竟是什麼力量驅使他把一生的時間和精力都給了三民主義？任老師回答得很乾脆而痛快：「是為了求真理。」

猶記三十多年前，我在復興崗補讀學分時，曾在路上邂逅任老師，請教了一個問題：「假使有一位學者專家耗盡畢生精力專門研究海港的問題，倘若他發現了東部海岸有個地方比乍浦、澉浦之間更適宜充作東方大港的話，那末，到底遵照國父的實業計畫呢？還是按照這位專家的意見呢？」任老師不假思索地說：「按照專家的意見。」緊接地補充「實業計畫序」說：「此書為實業計畫之大方針，為國家經濟之政策而已。至其實施之細密計畫，必當再進一步專門名家之調查，科學實驗之審定，乃可從事。」在那個很不鼓勵人懷疑的時空裡，任老師的指點，使我頓開茅塞。

師傳筆記，無價之寶

後來我考取師大三民主義研究所，「國父

全書研讀」是必修的重點課程，教這門課的正是我心儀已久的任老師。當時隔週上課一連四小時，在中和鄉老師家客廳裡。同學四人，分坐三方，老師他從不遲到早退，據中而坐。一上課即必入正題，絲毫不涉題外話，如數家珍，侃侃而談。筆記儘求快速詳盡。一年兩學期下來幾乎記滿了一本筆記。任老師不管是闡述哲理剖析問題等，都有許多獨特的創見，不少珍聞逸事一一載入筆記之中。在我的直覺中，登堂入室，親炙教益，比看任老師的書更能引人入勝，獲益良多。

近十多年來，我在師大等校講授「中國革命史專題研究」、「國父全書研讀」及其相關課程，在參閱眾多的論著中，上述的筆記也列為我授課的主要參考資料之一。

甚至我有時撰寫學術性的論文，也經常翻閱這本筆記，歷經數十年寒暑的侵蝕，本子早已舊得發黃，但字字珠璣，回憶老師的聲欬，在字裡行間似可捕捉到些，它真是一本無價之寶呢！

那時任老師已接近八十高齡，可是身體卻一向硬朗，頭腦非常清敏。有的同學故意出難

題置疑，甚或作挑釁式的辯難，可是任老師一如老僧入定，剖析事理，有如四兩撥千斤，訴諸理性，從不生氣。有一次，氣候變化無常，老師也得了重感冒，聲音沙啞，鼻涕難忍，面對這位如此誨人不倦的敬業長者，我們真是且感且愧；實在不忍心讓老師抱病再講下去了，大家紛以哀求口吻請老師暫且休息一下，可是他老人家說什麼也不肯，直到下課時間，始行離坐，與我們揮別。

人生有限，學海無邊

任老師既與三民主義結下了不解之緣，各大專院校及軍事學校請老師演講或審查著作的自然很多。

有一次，教育部學審會函送一部申請升等的為副教授著作，去掉著者姓名的書 ──「國父生平與志業」，廿五、六萬字，老師數日看完，很欣賞，竟打了九十多分，還特向師母推薦，說這本書寫得很不錯。

師母則反問老師：你知道這本書是誰寫的嗎？老師搖頭。師母直說；作者就是你的學生

莊政。老師聞後，頗覺欣慰。原來出版此書的中央日報，一連登了多次廣告。很可能是老師太忙，沒注意這件小事，可是師母早已「明察秋毫」，縱然知道此事，在審查過程中，也會暫且「保密」，避免「干涉內政」之嫌吧！

　　老師！請您放一百個心，人生有限，學海無邊，我們後起者會承續您那忠於主義、一以貫之的精神，為多難的祖國多做一些有意義的事；凡是您教過的學生都是您的「精神後裔」，不管客觀環境如何艱險，我們是經得起任何的考驗的；烏雲不會永遠遮住太陽，世事多變，唯真理絆不倒，我們會把三民主義這個棒子永遠傳下去的。

　　猶憶任老師首次開講「國父全書研讀」這門課時，事先提示出若干概念，當即筆記下來，摘要介述於次：

　　── 從事研究工作，要有心得，殊為不易。自然現象沒有什麼大的變化，可是人文現象的變化太大，要有心得，則尤難矣。

　　十七世紀的洛克、十八世紀的盧梭等，對民主思想各有其新的見解；例如研究「孔學」，要有特殊的見解，為前人所未見、未發者，才

能算是有所心得。這要光憑自己的頭腦來思考，一如蜂之釀蜜，蠶之吐絲，乃特殊人格的寄予。

它不似科學可以拿儀器做憑藉（私忖：自然科學乃根據事實，有事實，才有道理，然其不能解決思想問題。揆諸史實：從君主政治到民主政治的進步，乃思想家、哲學家所造成。彼等在專制政治下，提倡改革學說，始有革命之舉。故欲解決現今地球上的問題，非由主義解決不可）。

── 研究學問，要溫故而知新；若發掘問題，要力求解決。盡力去研究都不見得有心得，否則，更不可能有心得（這句話對筆者如當頭棒喝、醍醐灌頂。事隔二十多年，任師音容宛存、言猶在耳。我經常以此語勗勉譜生）。

研究三民主義者，可從政或教書，人生如競技，端視其方法、體力與衝勁而定。《左傳》云：立德、立功、立言，為人生之三不朽。以現今言，立德姑勿論矣，立功、立言皆有可為。如孔子既立功又立言，《詩經》、《書經》相傳兩千餘年，舉凡帝王、賢臣、武將等，皆受孔子之影響，如《論語》表現中國的思想，西

方認為孔子乃中國地位最高之人。孔子原想當
「周公」，然終不見用，但他不怨天尤人，刪
書制禮，教化人羣。故周、孔並稱。而宋代以
後，則僅稱頌孔子，蓋周公之功績已過。

　　── 研究三民主義之必要：三民主義是一
種思想，而非一本書，其不能有狹義、廣義之
分。主義與政策是兩回事，主義所講的是原理
原則，吾人研究乃針對於此。要實行就要研究，
因為知道得愈多，可能做到的也愈多；知道得
愈少，可能做到的也愈少；若根本不知道，又
從何做起呢？三民主義乃建國藍圖，如施之於
圖，門窗俱有。過去實行三民主義不夠，實因
知道的不多，故實行得不好。國父僅言監察院
應對失職者調查，但對違法者也應調查；他主
張公務員及公職候選人必須考試及格，實則現
今專技人員亦然。其所以如此，一則承認其技
能，一則等於攻府向人民推介，如合格醫生，
儘可門診，實負責之表現也。

　　── 政治思想可影響其它方面，例如民主
主義是政治思想，以此研究經濟、社會、教育
等問題，則可得到經濟民主、社會民主、教育
民主。又如工廠主人與工人有利害關係，彼等

均應過問；資本家固然有錢，但工人出了力，就應分紅。細觀中共研究馬克思主義，只能介紹，不能創建，思想有無問題，但以政治為標準，如共產黨有問題，三民主義則無問題。

　　漁獵社會，吾人所見者為動物、水族；農業社會耕種，有宗教耳；至工業社會，對工具必須努力研究，所見之事物必多，蓋所須之知識益廣，非研究不可。所以研究受到社會與時代的影響，如農業社會一切是靜的，自然變化很少，而工業社會是動的，於是產生了「進化論」。

　　── 三民主義乃立國原則，宜貫穿於各部門。如以民族主義的觀點，文學乃國民生活的表現；民權主義的文學，是平民的、大眾的；民生主義是大眾生活的表現。以此類推，運用三民主義的精神、原理、概念，施之於其它。

　　民國十三年一全大會代表，宣言甫出，國人耳目一新，觀念丕變，咸認三民主義是一條可行之路，嗣後北伐，順利成功；抗戰勝利不久，中共佔領大陸，靠的是「抗日、民主、土改」三口號，實即三民主義的精神，終能取勝。

　　抗日是日本人作的孽；而民主、土改是因

國民黨未及時實行民權、民生主義之故。中共
乃趁機打垮國民黨。如抗戰前做到政治民主
化、耕者有其田，則中共無適當理由可用，如
用共產主義殆將敗北。

　　須知，農民如有土地，是最反共的，此資
本家還反對得厲害。蘇俄地大，但因農工怠工，
還須向美國購糧，可見講主義，就得實行；要
犧牲奮鬥。必具備宗教家的精神。

　　—— 民國初年，胡適倡言「多談問題，不
談主義」。一時頗能聳人聽聞，很多人不明就
裏，跟著這句話走，因在常人心目中，總認為
「主義是空洞的，問題是實際的」。殊不知主
義是解決問題的，主義實行之，許多問題自然
迎刃而解。何況問題有似海潮，一波未平，一
波又起，起伏不定，難以捉摸。正如社會問題
層出不窮，吾人每天打開報紙處處可見，倘無
原則，又如何解決這些問題？

　　黨有其主義，而各時代有其政綱政策；講
主義是根本的方針，乃思想的原則。如一個人
始終在小處打圈，則無遠見。五四運動乃思想
紛歧的時代，更需要主義為指導。又如中共講
的是共產主義，我們若以問題解決其主義，則

行不通，彼則變本加厲。武王伐紂，就是講理講不清，只有訴諸武力；英、法各國革命，也是一樣的。一種思想貫通了才成主義，主義切合現實，問題根據事實，主義乃根據事實而產生，故能解決問題，主義是有哲學性、科學性和宗教性的。（國魂・民國八十四年五月）

作者恩師任卓宣夫婦在中和鄉居

教育家崔載陽教授傳略

─ 經師人師、著作傳世

　　崔載陽先生自述：「本人崔載陽，廣東增城縣人。民國九年，從國立廣東高等師範學校考取公費留法。十四年，或法國里昂大學哲學博士。十六年回國，歷任國立中山大學教授兼教育研究所主任，師範學院院長，與大學研究院院長。四十年奉命來台研究三民主義學術，後再兼任國立台灣師範大學三民主義研究所主任，暨公民訓育系主任等職。現任國立台灣大學，暨私立中國文化大學兼任教授。自始撰有教育與哲學等書凡廿五種，論文數百篇。其中《國父哲學研究》，《國父思想哲學體系》，及《三民主義學術教育研究》三書曾先後獲教育部、中山學術文化基金會，及嘉新學術基金會三種著作獎。六十五年應教育部訓育委員會

約，撰印《國父思想的新教學法》，以供公私專上學校青年師生參考；六十九年應中華文化復興運動推行委員會約，撰印《三民主義教育哲學研究》，以為該會叢書之一；本年因『致力三民主義學術學術研究闡揚，及教學工作貢獻』關係，復由三民主義學術研究基金會管理委員會頒發各種獎，自深勗勉。本人現年八十一歲，自少長在多代教育家庭，並愧為宋代名臣之後。目前家中內子及兒女媳婿達十人，他們都在大專教學，並均能專研學問。這對國家社會，至可告慰期望。」（錄自《三民主義學術研究基金管理委員會，第一屆頒獎典禮，民國七十一年六月廿六日》。）

一、

在研究與討論有關中山學術思想界中，凡是提起崔載陽教授的著作時，大家都公認他是學術深厚的少數前輩之一；做過師範大學三民主義研究所的研究生們看來，崔老師實乃吾輩之經師人師，幸列門牆，如沐春風。老師教給我們的太多了。豈止所謂「傳道、授業、解惑」？

影響我們最深遠的，除此之外，應該特別一提的，是崔先生的人格風範。說到這裡，使我忽然想起了：世界上的人，不見得都喜歡別人，而人幾乎都喜歡黃金。呂洞賓可以點石成金，黃金誠可貴，更貴的是點石成金的法術。從崔師遊，前後約近四年，先生跟我國古聖先賢與希臘哲人一樣，喜歡高深哲裡，而無視於金錢，但我們在先生潛移默化、諄諄教導下，卻學到了比金錢更重要的東西，它將使我們終身受益無窮。

　　跟崔老師談主義、論哲學，都是永遠也談不完的；跟他談職位、論金錢，往往談也談不出一個所以然。老師乃粵產也，「天不怕，地不怕，就怕廣東人講官話」。老師講的是一口的「廣東國語」。江山可改，鄉音難移，乍聽老師講課，總覺得不太習慣，不免如讀翻譯文章，多少有些「隔」的感覺，時間一久，習慣成自然，反而覺得別有一番滋味。正如收聽台灣省政府林洋港主席的施政報告一樣；滿口「台灣國語」，帶有十足的鄉土的氣息，倒有一種親切的味與真實感。

二、

　　聽崔老師上課，若品佳釀，如飲醇酒，要仔細地體會，耐心地領悟。先生講話，慢條斯理，半晌沉思，不發一語，口若懸河，滔滔不絕者殊；與手之、舞之、足之、蹈之，熱情洋溢者異。可是先生另有絕招，有時偶發一言，夠人想一輩子的。如果我猜的不錯，崔老師善用蘇格拉底式的「產婆提生」的教學法；先提出一些問題令諸生討論，自由發表意見，不時「置難」，期使頓悟；有時則以子之矛攻子之盾，對方無法自圓其說的，師生之間，門窗之中，相視互笑，那種「以心傳心」的默契，無言勝有言，真是一種精神上的至高享受。當討論問題，難免有所爭論、激辯，在這方面，老師真是「百分之百」的民主，務令同學暢所欲言，絕對容納相反的意見，儘管再調皮的研究生，縱使言態失去分寸，老師都能包涵，從不假以辭色，先憑這點，我要以行動實踐老師的真傳──付出更多的愛心與耐心，雖然在學養方面，我與老師的差距仍然那樣遙遠。

三、

　　哲學及教育學博士學位的崔老師，學貫中西，畢生獻身於教育。（過去的數十年代，中國要有上述高級學位的人，少之又少）。在大陸時，曾任中山大學教授兼師範學院院長、研究院院長。民國四十年奉召來台，蟄居陽明山麓，痛感大陸之沉淪，億萬同胞歷經苦難，乃窮研苦思，追根究柢，實因吾人未能研究奉行三民主義之故。其時，最高當局指定學術界任卓宣、崔載陽、羅剛、傅啟學、林桂圃先生等五位專家學者，積極研究三民主義。對三民主義有乃於三十餘年，閉門讀書，浸淫於中山先生生平志業及學術思想之研究，視富貴如浮雲，淡泊自甘，一無牽掛，專心治學，以其深厚之學養，篤信主義之精神，先後完成《國父哲學研究》，《國父思想之哲學體系》、《三民主義學術教育研究》等書，俱屬極有價值之學術論著，體大思精、結構嚴謹、內容豐富、允為完璧，至文筆清暢，條理分明尤屬能事也，國內外有關中山先生學術思想研究之專書多

矣，堪與崔師名著相頡頏者，恐怕百不一見，
故而均曾榮獲學術獎，這不但是崔師個人的榮
譽，凡是他的同道故舊，乃至門生弟子，每談
及此，不無與有榮焉之感。

　　民國五十七年夏，國立台灣師範大學三民
主義研究所。這是中華民國有史以來，全國開
辦的第一個國立大學三民主義研究所。師大是
經過世界大學校長會議嚴格審查復通過為「世
界一流大學」。也是國內最高教育學府。學風一
向篤實而純樸，敦聘師資極為審慎，尤其三民
主義研究所幾經磨難（當其時，學術界反對者
大有人在），方始產生，必須遴選一位在學術
界頗有地位的，且對中山學術思想精湛的著名
學者，出長所務，於是此一重擔很自然而然地
落在崔師肩上。當時的師大孫亢曾校長再三懇
請先生「下山」，崔師感於一片至誠，始勉允所
請，力任艱鉅。

四、

　　天下事從無到有不易，從有到好尤難。崔
師雖擁有國際一流的教育學博士，又畢生從事

教育工作，且對三民主義研究極為精專。惟其國立大學三民主義研究所的草創，事屬空前，毫無任何前規可循，一切均須從頭做起，包括「設計課程、禮聘名師、充實設備」等等。

先是設計課程，幾經研商，在共同的必修課程方面，計有八大課程；次則禮聘國內一流師資擔任。配課的情形是這樣的：國父全書選讀任卓宣教授。國民革命史羅剛教授。三民主義哲學崔載陽教授。三民主義倫理學謝幼偉。三民主義政治學涂懷瑩教授。三民主義社會學謝徵孚教授。三民主義經濟學羅時實教授。三民主義教育學崔載陽教授。

此外，並針對研究生需要的開若干選修課程，規定研究生最低限度有修習三年以上，畢業論文不計學分，每人至少修五十個學分左右，等於其他大學碩士班（二十四學分）的兩倍以上。師大三民主義研究所為全國同類研究所歷史最久的一個，十多年來上述八大課程一直保持迄今，從未改變。而後各國立大學成立三民主義研究所所謂開共同課程，名稱容或不同，範圍廣狹各異，大體說來，皆本此原則。這種規則，始於崔師的策劃與設計，飲水思源，

這在中國教育史上是很值得一提的。

五、

　　師大三研所草創時期，經費極為困難，設備因陋就簡，崔師將大部經費購置圖書，如今所內藏書甚豐，固由於繼任葉守乾所長、葉祖灝所長、蕭行易所長的經營，亦是崔師的善用其端也。崔師不但涓滴歸公，且將家中用具移至所中使用，這種「化私為公」的精神，不禁令人由衷欽佩。

　　由於愛之深，責之切，崔師待人寬厚，但對學生督教甚嚴，他常要求學生要將全副精神用於學習之上，因此並不贊成兼職，有的同學不以為然，但生活畢竟是現實的。後來體會到老師的一片苦心，也就釋然於懷，感念不已的了！崔師七十歲退休以後，因為上了年紀，蟄居於北投陽明山麓，遠離塵市，行動不太方便，改由同學們前往老師家裡去上課。且為節省時間，減少途中往返，將每兩小時的課改為雙週連上。從台北各地前往北投山腰的崔府，確是一段不算短的距離，要算兩趟公車，到了北投

車站後，還要爬二十分鐘的山，每次連同上課，總要花上七個小時以上的時間，可是想到「程門立雪」的故事，苦中有樂，也就不在意了！我們每次去上課，師母照例要準備一些茶點，親自動手，熱誠可感！而且每次的茶點都不一樣，顯然地師母特地準備了許多的菜，其中一道，最為別緻，一隻土雞，腔內置有一口豬肚，肚子裡也裝了許多食物，層層剝開，意趣無窮。我原本從軍護國，與各省接觸過多，大凡各省籍的同志們，走遍了半個中國，活了四十來歲，可以說嚐遍了南北風味的各種菜餚，像師母做的這道命名為「反攻大陸」的菜，還是生平第一次嘗試。

崔師母梁先生金意女史，籍隸廣東，國立中山大學英文系畢業、中央陸軍官校十六期畢業，秀外慧中，允文允武，相夫教子，備至賢勞，主持家務之際，並在實踐家專（今改名為私立實踐大學）任教。崔師被譽為我國當代學術界之重鎮，八十老人，身體猶健，師母照顧服侍，無微不至，實為主要原因之一。師弟光宙刻在師大教育研究所博士，取得學位，恂恂儒者，頗具父風，其夫人鍾聖校女史乃師大教

育系同班同學，任教於省立台北師專（國立台北教育大學），夫唱婦隨，令人稱羨。深信賢伉儷必能克紹箕裘、光耀門楣，積善之家，必有能處。

崔載陽教授的書名	初版日期	印行處所
涂爾幹與杜威教育哲學之比較研究	民國十四年	（法文版）
近世六大家心理學	民國十六年	商務印書館
近世六大家社會學	民國十七年	民智出版社
道德教育論	民國十八年	民智出版社
英德法美教育與建國	民國十九年	民智出版社
世界戰時的學校動員	民國二十二年	神州出版社
初民社會與社會制度之起源	民國二十三年	中大出版社
中華民族教育哲學	民國二十六年	中大出版社
教育哲學（四版）	民國四十一年	中央文物供應社
我們的教育	民國四十三年	僑委會叢書
新教育的原則及實際（二版）	民國四十四年	中華書局
國父哲學研究（教育部學術獎）	民國四十九年	正中書局
總統的教育思想	民國五十三年	教育部戰地文教訓練班
國父教育哲學思想	民國五十四年	幼獅書局
國父思想與現代教育思想	民國五十四年	政工幹校叢書
國父哲學體系（中山學	民國五十四年	正中書局

術獎）		
現代教育思想	民國五十六年	帕米爾書店
三民主義學術教育研究（嘉新學術獎）	民國五十九年	中央黨部設考會
現代西洋哲學思想	民國六十一年	幼獅書局
現代西洋教育思潮	民國六十二年	幼獅書局
國父思想的新教學法	民國六十三年	正中書局
三民主義哲學的新認識	民國六十四年	幼獅書局
三民主義教育論文集	民國六十七年	中央文物供應社
三民主義教育哲學研究	民國七十年	中央文物供應社

附錄：

　　崔載陽教授七十華誕，梁寒操先生親撰並書一聯祝賀：

　　　　載陽常勤滄海照，
　　　　黃花併與翠亨開。

　　喻崔師如明月，借孫中山先生之光，照耀黑暗地區。下聯黃花即山佳，寓「崔」字，指崔師革命之精神，與翠亨革命精神齊盛。

　　懷崔公載陽教授，師範大學公訓系高旭輝教授祝壽，文曰：

　　何幸有緣識荊州，宮牆仰止從壯遊；
　　師承杜氏窮真理，祖述孫公屬主流。
　　仁德襟懷孚眾望，名教事業定千秋；
　　不信先生歸去也，飄渺雲山夢悠悠。

　　註：先生為法國哲學博士，對杜威教育哲學研究深刻，且與孫中山先生之哲學融合，而建立三民主義教育哲學體系。故有「杜氏」、「孫公」云云。

崔載陽教授

大陸孫學研究及高教概況
── 訪問天津師大、南開教授紀實

　　近幾年來，海峽兩岸良性互動，台灣地區掀起了「大陸熱」。然而，由於近半世紀的長期隔絕，黨同伐異，儼若敵國。台灣縱然允許大陸出版的書籍、刊物等進口，也只能成為少數統治階層或是專門研究「敵情」人員的閱讀「專利」。惟自解嚴後，言論尺度大為放寬，大陸出版物也多不在查禁之列。若干大學增設大陸研究所，「大陸問題研究」列為大專院校共同科目，且成為當今「顯學」之一。但在教學方面所根據的十之八九是靜態的資料，很少有作實地考察、親自訪問等方式，以深入了解其真實狀況的。筆者最近在一個偶然的聚會中，曾與天津南開大學資深教授魏宏運、王敦書先生、天津師範大學校長高靜、歷史系副主

任、副教授侯建新四位先生等，有所接觸，並作長談，從而獲得若干資料，得來不易，願在此作一忠實的報導。

天津師大對「孫學」的看法

首先，筆者就「孫中山先生在大陸的定位」問題，請教侯建新先生，這位曾就讀南開高中、畢業於天津師大歷史系，擁有碩士學位後即留校執教，嗣赴英、德兩國研究訪問的年輕學者，坦誠地說：在大陸研究孫中山不是太熱的一門。在此孫中山可做為榜樣，一面旗幟來尊敬而已。但自「四人幫」垮台、「四五運動」及「六四天安門事件」等，近幾年來的重大活動，舉起孫的思想，提起孫的機會並沒有，這說明了大陸對孫的重視與研究，是個值得注意的問題。

侯建新先生認為這是個很複雜的問題，一方面在當年的「國共合作」時期，例如中山先生與李大釗等的合作（案：中共於民國十一年七月在滬舉行二次代表大會，議決其「民主革命的聯合戰線政策」，通過廿年共產國際代表史達林向中山先生提議：實行聯黨「平行合

作」，當為先生所拒。稍後，共產國際派馬林來華，召集共產黨中委會議於杭州西湖，決定加入國民黨，馬林因請先生允許共產黨員個別加入國民黨，先生許之。張繼介紹共產黨中委李大釗來謁，對先生表欽仰之忱，當即聲言願以個人資格加入國民黨，致力於國民革命。此為國民黨容納共產黨人之始）。是有其積極的作用的。中山先生始終在探討與共產黨找一條出路，特別是在他晚年期間，致力於斯。由於他所處的年代一直動盪不安，或許基於某種因素（案如「因時制宜」、「因地制宜」），他的思想與策略頗具複雜，正因為此，而為各方面所肯定與接受。故其留下史學的問題較大，但大陸方面研究他的地方不是很多，以他的觀點作為指導當今的機會似乎也不太多。

大陸於一九七九開始研究孫學

　　天津南開大學歷史系魏宏運教授專攻中國近現代史，現任國務院學位委員會學科評議組成員、中國現代史學會副會長、天津史學會理事長，著有《孫中山年譜》等書。他正在指導

兩位博士研究生，一為「蔣介石的民族觀」；一為「蔣介石的重要幕僚」（如陳布雷等）。魏教授說：大陸方面對孫中山研究，嚴格而言，是在一九七九年（民國六十八年）後才開始的，迄今不過十五年而已，因此研究水平有限。主要是從歷史的觀點的研究，研究孫中山有成的學者專家十九具有史學專業素養。例如六十年代對孫中山研究頗有成就是張磊（係北大史學系畢業，現任廣東省社會科學院長，著《孫中山哲學思想研究》、《孫中山論》等書）。廣州中山大學孫中山研究所所長林家有、教授陳錫祺、陳勝粦、邱捷、李吉奎、桑兵先生等，用功至勤，時有夠水平的論著發表，成為研究孫中山學術思想的重鎮。而在大陸上有關研究孫中山的書籍，有《孫中山年譜》、《孫中山全集》，上述諸人皆曾參與其事。總而言之，大陸同胞包括學術界人士對中山先生的看法是肯定的，認為他是近代的思想家、政治家及革命家。

大陸教授待遇奇差

談到大陸大學教授師資及待遇等問題，與

台灣同類狀況頗多差異，似乎這是很值得借鏡與參考的事。首先，根據天津師範大學歷史系副教授兼副主任侯建新先生提供的資料：基本上，副教授起薪為人民幣一百四十元，教授起薪則為一百六十元；另有各項包括生活補貼的諸種加給在內，每人可獲二、三百元；此外，不但各大學教師待遇不同，而且各系教師待遇也頗多差異。有所謂「系訂待遇」，但看各系「創收」（各想法子去賺錢，以貼補正式待遇的不足，於是為了營收，只好「八仙過海，各顯神通」了；類似台灣部份高等學府的所謂「建教合作」，所不同的是：前者營運收益，凡屬職工一體均霑，可視為「福利」，稱為「法定獎金」，每名大學教師可增收二、三百元，加上固定的原有待遇，總在人民幣五百元之譜；而後者所有營收原則上歸諸團體（學校），充其量貼補其經費的不足而已）。

學生每月生活費為六十三元

天津師範大學位於南開區八里台及六里台，分為南、北兩院，校部在八里台南院。由

原天津師範學院擴建而成。原則上,師生全都住校,學生全部公費,除供宿舍外,每人每月津貼生活費人民幣六十二元。學校設有公共食堂,類似台灣各校園盛行的「自助餐」,足有二、三十道菜餚,供給師生任意選購,每種菜色便宜的只有兩、三角錢,最貴的雞鴨肉魚也不過一元二角而已。另有包子、麵條、餡餅、水餃、米飯、鍋貼及小米稀飯等。普通每人花一塊多錢,就能飽餐一頓;至於要想吃好一點,那就另當別論的了!總的說來,天津師大的師生們在吃的方面,比起台灣大專學生絕無遜色,而其低收入與低消費卻比台灣要差一大截。一個大學生開支不小,無論如何,每月區區六十多元的生活補助費是絕對不夠的。大多數的學生猶賴家庭的匯款補助,或就近擔任尋覓家庭教師的兼差,每一小時授課的報酬是人民幣五元,等於新台幣十五元,不過,「薄利多銷」,積少成多的結果,對於日常生活的開支可以說不無小補。難怪每個小青年都吃得結結實實的呢!

南開大學名列前矛

　　歷史悠久、學風樸實的天津南開大學，在大陸十餘所重點大學中，相傳名列第四位，僅次於北大、復旦、南京大學（中央大學前身）。每年公家預算為三千萬人民幣，約折合新台幣九千萬（大概等於台大每年預算的百分之一耳）。這顯然是不夠龐大的開支的，無奈之際，該校也只好想盡各種法子大做其生意的了！不時推出各種商業性的巨型廣告，但為掙錢，也就顧不得「南開」美好的形象了！所謂「十億人民九億商，還剩一億在改行」了「十億人民九億賭，還有一億在跳舞」，恐怕正是今日大陸社會寫照呢！

　　據云，南開雖已廣闢財源，卻不及天津師大「得道多助」。原因是後者今年招生一千七百四十名學生（比去年少收八十人），由公費生即「計畫培養」的約八百餘人；而由「委培」的學生卻超過此數，例如由師範專科畢業及再升學者，每人每年約繳雜費用等三千元，無論由公家或個人負擔，對學校的淨收約在人民幣

二百五十萬之譜。

　　跟台灣各大學的普遍狀況一樣，在大陸上學文、史、哲的行情也一向不被看好。南開大學史學系素負盛譽，人才濟濟。該系一年輕教師留校執教，每月工資僅二百元左右，其為生活所迫，無奈之際，只好轉業到開發區合資企業上班去了，每月工資人民幣一千元，高出原待遇十倍。不過，學校已注意到這一嚴重的問題，聽說公家對資深績優的「國寶級」老教授，將以特殊待遇優渥之，每人每月工資及補助可望達到一千元以上，似乎要向部長級待遇看齊。至於大學教授退休年限問題，各學校自行決定：南開大學規定六十五歲退休，天津師大規定六十歲退休，不過，博士、碩士導師則不受限制，幹到七、八十歲的大有人在。

研究生導師須經國務院通過

　　研究生導師資格必須經過國務院學位委員會審核通過，原則上每兩年評定一次。自從今年（一九九四）起，十個重點學校可以自評，然後報請教委會備案。評審資格時，主要根據

其著作、學術成果水平及聲望，而不重視學歷
與資歷。至於什麼學校畢業，並不重要。這點
跟咱們台灣不大相同，似乎很值得我們省思與
改進。

　　大陸各大學研究所修業年限規定：碩士班
為三年，需修三十二個學分；博士班三年，只
修十二個學分即可，第一學年修完，南開大學
博士班入學考試必考外文，包括「公共外語」
和「專業外語」，兩種同時考試，各佔百分之
五十，以六十分為及格標準。研究生畢業論文
字數約在十二、三萬字之譜。除由導師評閱審
核後，尚須組成五人以上的評審會，由別校導
師來審核，本校導師不能擔任主席。這種方式
似乎也很值台灣各大學研究所參考。

　　由於歷史學系畢業生將來「就業市場」有
限，大陸教委準備作重點式的輔助八、九所著
名大學的歷史系，以集中人力、財力，促其生
存發展；至於其餘各大專院校的歷史系，將聽
任其自謀生活，教師與學生的出路要自己去
找，公家實在也管不了那麼多了！

　　在大陸高等學府執教的教師們，對於學校
但為生存下去，不得不另闢蹊徑，致力於充滿

了商業意味的「創收」，並不十分支持與贊同。然而，「端人家的碗，受人家的管」，在社會主義的國度裡，個人想法往往是微不足道的，更何況生活是現實的，創收對個人也不無好處！

　　（案：現今大學教授待遇超過十倍以上。侯建新博士升為天津師大歷史文化學院院長）
　　　　　　　《革命思想》第 76 卷 5 期
　　　　　　　民國八十三年五月十五日

北大同學曹玉騫等與南開大學同學合影（銅像為梁啟超）

從孫文學說談海峽風雲

── 兩岸學者論點異中求同

　　兩岸關係錯綜複雜、糾纏不清，近年來更是撲朔迷離、異常吊詭。時下冬去春來，乍暖還寒，只盼當政者勿再刻意挑釁，使脆弱的關係雪上加霜。適逢法總統即將改選之際，兩岸關係仍舊緊繃的關鍵時刻，國父紀念館舉辦「第三屆孫中山與現代中國學術研討會」，邀請海內外學者專家近百人與會，提出論文三十餘篇。一連開會三天，與會人員發言踴躍，情況熱烈。給人印象深刻。

　　該會：「學術歸學術、政治歸政治」。這種想法並沒有錯。然而，若談到「孫學」（Sunology），政治敏感提高，決不可能「以刀切瓜」似地分成兩半、涇渭分明。會中有人再三強調只談學術，不涉及意識形態

（Ideology），這樣可能嗎？反對意識形態者，其本身即是意識形態。何況孫中山先生既是革命者，又是政治家，談來說去，很自然地就提到兩岸的問題。

在多次的分組報告及討論中，每多涉及意識形態的爭議。比較顯著而引人深思的，有兩篇論文，簡介如次：

一是武漢大學歷史系教授吳劍傑所提論文：「孫中山的公僕意識與廉政風範」，他引述史料，說明中山先生對晚清仕途吏治的腐敗深惡痛絕，故於民元就任臨時大總統時，頒布政令，決心「整肅吏治」，一新氣象。他指出：「在晚年，孫中山先生對國民黨的狀況非常不滿，認為它的多數黨員已忘掉了同盟會時代的犧牲精神與奮鬥意志，人格卑劣，分子複雜，這樣的黨，是不可能治理好國家的。」他稱讚中山先生一生廉潔自律，不謀私利、不治家產，將自己全都獻給革命事業。最後他未能脫俗地稱「孫中山是一位偉大的資產階級民主革命家」。

擔任評論人是史學名家、政大教授蔣永敬先生，對此論文頗多肯定與佳評。惟對作者仍

沿襲中共說法，將中山先生稱為「資產階級民主革命家」，頗不以為然。對國民黨史研究精湛的蔣教授認為中山先生乃貧農之子弟，出身清寒，不可能倡導「資產階級民主革命家」，何況國民革命絕非只為任何一個階級革命，其民主主義與資產主義相異。後來，中國社科院哲研所副研究員鄭一明在宣讀論文前，再三說明箇中內涵，筆者曾提出質疑，而要特別說明：

　　把孫中山先生列為「資產階級民主革命」是從列寧開始的。中共一向沿襲此說，數十年未嘗或變。其乃根據馬克思的社會演進五階段說。將中山先生擺在「資本主義社會」的框框，使他偏限於此，動彈不得；認為他是反封建、反專制的舊民主主義革命；而中共主張無產階級專政，是新民主主義革命。殊不知中山先生創導的是全民革命。況且列寧說：「資產階級革命面前只有一個任務，就是掃除和破壞舊社會的一切桎梏。任何資產階級革命，一完成了這個任務也就完成它所應作的一切。它加強資本主義發展。」而中山先生在推翻滿清專制後，其後還有一系列的建設舉措；他要節制私人資本、發展國家資本……，他除主張「機器生產」

外，餘則皆與資本主義沒有關聯。

我還特別說明：中共把中山先生硬定為「資產階級民主革命先行者」，無異曲解歷史，貶低了他應有的地位。

另一篇論文引起參加人員激烈爭辯的是上海社科院副院長俞新天教授所撰「孫中山思想與中國現代民族國家的建設」一文。她歸納孫中山的國家思想有四要點：國家的獨立性、民族的平等性、國體的民主性及政體的集中性。從而證實中山先生堅持統一、反對分裂，具有深刻的歷史思考和現實體悟。她說：「台灣人均產值在一九九〇年代超過一萬美元……然而，沒有理由自滿自足，中國的現代化程度亟待提高……台灣經濟被稱為『淺碟經濟』，風吹則溢，日曬易涸。當初弟子問佛祖，滴水如何才能不乾？佛祖答曰，收入大海。此中真諦，豈不發人深省？……孫中山對於軍閥割據、違背民意的反動勢力，並不心慈手軟？相反興義師而討伐之。……『兩國論』是要將兩岸的狀況固定化、合法化，走向徹底分裂而非統一……一國兩制，和平統一，既是最佳選擇，也有實現可能。」

　　擔任評論是名政論家、台大政治系張麟徵教授，她認為台灣與原係殖民地的港、澳迥異。誠如中共當局所說，兩岸統一後，台灣仍保有軍隊、財稅、教育等制度，問題是台灣必需爭取外交空間，此一問題最難解決。因此，一國兩制基本上是行不通的，虛有其表，很不實際。

　　俞新天教授答辯時，很感慨地說：「談到統一的問題，台灣認為大陸經濟發展到一定水平再說，現今又說等大陸實行民主政治後再談……這樣子下來，要求將無止境，實為和平統一設限。」她的話，暗示台灣和談的誠意問題。

　　當大家再度討論到「一國兩制」的問題，我的意見是：所謂「一國兩制」，並非鄧小平所創的，而是先有歷史的事實，而且由來已久，鄧氏不過是根據既成事實的一個提法而已。一個國家的主權是不可分割的，縱然兩岸已經和平統一、一國兩制，其形式意義實大於實質意義。張麟徵教授認為一個國家只能有一種政制，乃就常態而言。中共連對港、澳，都不可能實行其一國一制，何況台灣？

　　當民國肇建伊始，中山先生慨嘆：只有民國之名，而無民國之實。革命付出如此慘重的

代價，所獲得的只不過一面「中華民國」的招牌而已；自然令他頗感大失所望；不過，筆者卻有不同的想法：民國初年，雖然僅有「民國之名，而無民國之實」，但是總比「既無民國之名，也無民國之實」要好得多。否則，後來的張勳復辟、袁世凱稱帝，國人又憑什麼口誅筆伐，亟力反對呢？中國皇帝幾百位，別人稱帝無人反對，單挑袁世凱，厚前人薄今人，是何道理？然有「中華民國」這張招牌，才可針對「中華帝國」（袁氏國號）聚眾討伐之？誰說「名」不重要的呢？

末了，姑引洪自誠《菜根譚》語：「信人者，人未必盡誠，己則獨誠矣；疑人者，人未必皆詐，己則先詐矣。」兩姓結褵，誠最重要；兩岸和談，亦然：二十世紀國人相鬥內耗甚厲，史學家湯恩比說：「二十一世紀是中國人的世紀……」國人將如何迎接此一新的世紀，需要智慧作選擇。兩岸和則雙美、戰則俱傷，千禧年望有新氣象。

《聯合報導》民國八十九年一月二十日

翠亨孫學集會憶往

　　自從大陸推行改革開放政策以後，對孫中山先生思想行誼的研究發展漸予重視。就連一向提倡個人主義，標榜民主、自由的北京大學都成立了孫中山思想國際研究中心，這與台灣近年來的排斥孫學，適成反比。回想民國八十五年（一九九六年）十一月，大陸當局為「紀念孫中山先生誕辰一百三十周年」，特別舉辦了一項規模宏大的「孫中山與中國近代國際學術討論會」，是由中國社會科學院、廣東省社會科學院、廣州中山大學等單位共同策劃主辦的，應邀出席參加的包括大陸、台灣、港澳、美國、日本、澳洲等地的學者專家，將近三百人，一連舉行了四天的研討會，無論分組座談或綜合討論，發言踴躍，情況熱烈。雖然事隔多年，筆者印象十分深刻，茲就當時日記，為史料作些紀錄。

十一月三日（星期日）晴

　　六時許起床，匆匆盥洗後，以生力麵充飢。七時許由妻申時方女士駕駛，長女宜君陪同，逕往桃園中正機場，八點多與妻女握別。遇見淡江大學教授王甦學長，同機而往，有話儘可聊得來，彼此照料，有話可談，頗不寂寞。一個多小時的行程，正午時抵澳門，邂逅台灣同道馬起華教授等多人，均係應邀出席研討會者，互打招呼。出關後，搭乘公車，行程迂迴，幾乎圍繞澳門市區一周。祇因驗關躭些時，王兄與我排在人後，甫至珠海候車，詎料馬教授等已先登大會特派專車急駛而去，竟將我倆棄之不顧。王兄感嘆飽學之士如某君者，待人接物如斯，讀聖賢書，又有何用？無奈之際，我倆以路途遙遠，為安全計，祇好打電話向大會執事王杰博士求救，允予派車來接。惟枯候良久，此時當地小販人等，皆以好奇眼光投射我倆，顯然地經驗告訴他們：「這是台灣來的『呆』胞！」於是一個三十開外的青年主動地向我倆熱情打招呼，輕聲細語表示：願以高價收

購美金，出一百美金可換九百人民幣。他看我們無意兌換，又自動提高價碼：一百美金換九百五十元人民幣好了！我懷疑其有詐，不予置理；他再三糾纏著王教授，務必請求幫忙，一似街丐乞憐，王教授一時心軟，姑准兌換一百美金，對方馬上掏出大把人民幣，當面點數九百五十元，王教授接款後並未重點一遍，等那青年絕塵而去，他猛然重數那疊人民幣時，竟然發現幾張類似百元大鈔形色的拾元券夾雜其間，真正的百元鈔票不過兩三張而已，一數實際只有四百多元，始知上當受騙。

奇妙的是，這類職業性慣騙之徒，當地人士幾乎都很熟悉，但卻無人出面檢舉。一任這批害群之馬橫行無阻；更妙的是，當那個騙子暗向外來旅客施其伎倆行騙時，身著制服的公安人員竟然穿梭其間，往返迎迴，明知有所蹊蹺，但卻視若無睹；騙子一見公安，故作驚慌躲避，實則在演雙簧，很可能是彼此合作互補，俾便「利益均霑」。

從珠海到中山先生故居翠亨村約三十餘公里，一路上高速公路平坦筆直，寬敞、整潔，路況特佳，兩旁農舍樓房坐落於碧綠如茵的農

莊，風景如畫，寧靜安謐，設若置身其中，一似世外桃源。車行半小時許，抵達大會所在翠亨賓館，此係改革開放後興建的高檔觀光旅館，專為接待外賓及高幹而設。大陸與會人員兩人共用一房；台灣、港澳及國外學者專家則每人單獨一間，以示禮遇優渥。用意雖好，「厚人薄己」，卻為免見外，且含「階級」成分；一人獨居不免寂寥，又無彼此照顧、相與談心的對象。

　　大會通知：規定大陸與會人員繳納註冊費人民幣兩百元；台灣、港澳及國外與會人員必須繳納註冊費美金兩百元。但為此事也引起了不少的波折，弄得有些人很不愉快。台灣史學界先輩、留居美國的名學者吳相湘老先生註冊時，堅持祇繳人民幣兩百元，此老還理直氣壯的說：「我是中國人，為什麼要繳美金？」問得大會辦事人員口呆目瞪，難以招架。祇好「尊敬不如從命」，照收吳老人民幣兩百元，此舉雖屬「個案」，但為平靜的大會吹縐無數漣漪，此訊傳出，部分非大陸與會人員頗感不平，紛向主其事者廣東省社科院長張磊教授表示抗議，希獲合理的解釋。因為若以國民所得來衡量，台

灣比大陸要超過十五倍以上，高收入的多繳，
況係自己同胞，衡情度理，還說得過去，然而
日本則為台灣的三倍，為什麼日本人跟台灣同
胞不分，一律都要繳美金兩百元呢？

　　跟我既是「孫學」同道，又是天津同鄉的張
磊先生，有意讓步；對台胞改收美金一百五十
元。我說這不是錢多少的問題，我等從台灣到
大陸往返機票所費不貲，如果在乎於此，何苦
輾轉來此？我委婉地建議：既然規定註冊費為
美金兩百元不妨照收，惟需說明經費困難，情
非得已，望能諒解；另外設法選購些「孫學」專
書隨贈，哪怕每人只送一本，心意到了，大家
都有面子，閣下身為領導，尊嚴也好維持。張
教授一向堅持原則，然能與人為善，一口氣答
應下來了。

　　晚，與「孫學」專家、兩晴年學人桑兵博士
閑談，我很納悶：中山先生活了不到六十歲，
一生革命，到處奔走；數度從政，日理萬機，
他哪有那麼多的時間去讀書研究？桑博士坦承
他過去也有此同感，不過後來他發現中山先生
的的確確看到很多的書，而且他讀書的速度特
別快，好像現今的人接受過「速讀」的訓練似

的。他善於將書中精華汲取，充作自己的精神養料；至於非其所需要的則置於一旁，日積月累學識自然豐富了！他認為中山先生到底看完哪些英文書籍，這很重要，值得去追蹤研究（案上海復旦大學姜義華教授已致力於此，曾為文介述其事，很有參考研究的價值）。

十一月四日（星期一）晴

早餐時，同道共聚一室，新知舊雨，寒喧一番，又結識了許多新朋友，不少是久聞其名今始有緣相見的學界精英。旋即在大禮堂參加學術討論會開幕式，很多黨政學界領導相繼致詞，政治意味十分濃厚；宣讀論文時，不免八股教條，殊覺形式意義重於實質，而淪於呆版、僵化。一連兩三小時，也不讓人家休息，幾近「疲勞轟炸」。然有些青年幹部意興奮發、銳氣十足；年邁體衰的幹部或學者似皆默然以對無甚表現。

午餐時，與同桌教授閑聊，上海復旦大學史學教授李華興先生博學多才，論點甚為先進。王甦教授乃兩岸知名學者國學家，尤擅長

作對聯，一見人的名字，不假思索，即配成對聯，文情並茂，神來之筆，人皆嘖嘖稱奇。大夥兒起鬨，紛紛向他央求給自己取個對聯。中山大學老教授陳錫棋先生德高望重，年近九旬，王教授欣然為其大名取了對聯。

下午參加全體會議，史學大師吳相湘教授發表學術報告，亦莊亦諧，夾敘夾議，幽默輕鬆，非常精彩！大家不時發出會心的笑樂。比起某些人刻板的報告，判若天壤。

因為此番行程時間緊迫，我應邀提出的論文是近在台北《國語日報》「書和人」版發表的〈孫中山先生與基督教〉一文，其以史料為主，未涉意識形態，欲即發給大會同仁，然而承辦人員劉小姐說等會與其他一齊分發。事後一想，依然大陸慣例：事先必須審查其內容，通過後，始能公諸於眾。

晚餐，由中山市黨政部門設宴款待，菜餚豐盛，杯觥交錯，邊吃邊談，賓主盡歡。一條整隻的烤乳豬上桌，脆皮尤為可口，其頭還對準於我，雖能滿足心腹之欲，然思乳豬甫出母胎，面世不久，即被宰割，於心總覺不忍矣！

餐後休息，始知兩岸杏壇巨頭張磊教授與

馬起華博士爭執不休，緣於雙方對釣魚台歸屬問題看法頗有差距。但聞張氏理直氣壯的說：「共產黨愛國思想是絕不後人的。」

十一月五日（星期二）

　　早餐及座談會，特由宋慶齡基金會北京總會安排招待，邀請來自台灣的與會人員參加，由中共政要黃華先生主持，大陸孫學專家張磊教授及基金會同等列席，共十餘人圍坐於西式餐桌兩旁，邊吃邊談，招待殷勤周到，頗受尊重禮遇。主持人雍容大度，從容侃侃而談，希望大家儘量提出意見，對和平統一付出貢獻！馬起華教授首先「發難」，言態激越，認為既開學術討論會，就應該允許大家提出不同的意見，相互研討、辯難，否則處處設防，過阻學術研究的自由，徒居形式，則沒有意義。黃華先生從容解釋，殷望彼此尊重，求同存異。詢及台灣學界研究宋慶齡女士情況時，我說由於長期以來台灣受到政治禁忌的影響，學術界對宋氏的研究幾乎等於一片空白，乏善可陳。現若起步固不嫌遲，然而研究宋女士比研究孫先

生似更困難：其一、過去台灣輒將宋氏列為中共領導人物，被視為敵對份子，由於是項史料貧乏，從事研究自然不易；其二、中山先生活了不到六十歲，而宋女士享年近九十，其壽命既長，經歷更多，研究起來難度也高。我同時強調研究一個歷史人物至為困難，並對張磊教授最早精研孫學已歷四十年，鍥而不捨，一以貫之的精神，深表敬佩！

　　會後，偕同王甦、章正兩兄至附近參觀孫中山故居，此一兩層樓中西合璧式的住宅，係中山先生肄業於香港西醫書院，行將畢業的前半年所親自設計完成的，由其長兄德彰出資興建（工料費銀九百三十四兩七錢二分正）。一改我國建屋座北朝南的傳統習俗，而為座東朝西，人謂有像西方世界文明看齊學習之意。中山先生臥室兼書房，書桌依舊，當年上李鴻章書，即在此伏案而撰成。先生原出生地為一狹小之磚屋，早已拆除，即現井處。宅樓正面左側，有一兩層樓高的樵樓，即為先生老父達成公因家貧人多兼充更夫守夜之處所在，很有紀念的價值。可惜似乎並未引導參觀者應有的重視。

　　平時各地前往故居的賓客絡繹不絕；每逢假期更是遊人如織，大家皆懷抱「高山仰止」底崇敬心情，瞻仰此一偉人聖地。可惜但為「創收」，故居所佔綠地有限，而偌大的前方皆被兜售紀念品的商店所盤據，似嫌太商業化了！

　　下午參加 A 組的分組討論，由邱捷教授等主持，黃彥、李玉貞兩位研究員對所謂資產階級的革命、三大政策等的說法，再三提出檢討，對其勇於置疑與批評的精神，甚是敬佩！真沒想到大陸言論尺度居然變得如此之寬。晚，吳智棠教授來晤，談到大陸同胞參加韓戰等軼事趣聞，幽默風趣，妙語如珠。王甦教授旋考其立撰對聯一幅：「智仁德厚無疆禍，棠棣情深兩岸心。」大家興高采烈，忘了一天的疲勞，一聊就是半夜兩點鐘。

十一月六日（星期三）晴

　　上午參加學術討論會 D 組，聽取各位所想提出的論文報告。我曾就研究中山先生的晚年政治及經濟思想，再三發言，針對其理論與實踐分別介述，謙稱係個人讀書心得報告。會議

討論熱烈，大家對我的發言尚能接受。惟以時間匆促，後來祇好草草結束，未能從容暢所欲言為憾。

午餐後，稍憩，全體與會同仁乘車，前往中山市參觀訪問。一連多輛豪華大巴士形成壯觀的車隊，前有武警專用警車，趨前開導，一些警員有如「唯我獨尊」，路人多避道而行，持之類似「國賓」禮儀，所經過道路誌號都是通行無阻的綠燈，私忖國家元首也不過如此這般。道路兩旁行人佇立，仰首凝望，充滿了好奇，但不知乘車貴賓為何方神聖：我等「臭老九」竟享此殊遇。而在台北參與各種學術研討會無數，從來沒享受到如此的優渥禮遇，這點資本主義卻趕不上社會主義，每念及此，且感且愧！

晚餐，被安排在二十多層的豪華飯店，四人一桌，任選中西式的餐點飲料。偌大場地採用活動旋轉式的設備，如坐空中飛機，冉冉旋轉而行。先是傍晚 "時分"，中山市區全景盡在鳥瞰之下；及至夜晚，萬家燈火，星光點點，美景當前，憑添了不少輕快而歡愉的氣氛，是謂生活藝術。

晚，將著作《孫中山的大學生涯》（由中

央日報出版、民國八十四年十一月發行）兩冊
贈予友人。洽服務的研究生確定機票時，他跟
我閒聊一陣子，相處幾天，總有些感情。當我
詢問他們對台灣人的印象如何時，他不假思索
地直言不諱：「台灣學人不團結，功利主義很厲
害。」他還舉些某某實例，支持自己的論點，一
時竟然讓我無話可說。

十一月七日（星期四）

　　早餐後，即參加學術研討會 B 組討論，中、
日學者專家多人提出學術報告，許多史料，彌
足珍貴，值得去研究發展。來自台灣的某教授
馳譽杏壇，著作等身，然特愛「現」，每次開會
發言，總是搶在前面。此時故態復萌，還強不
知以為知，我立即斥其不對，他居然情緒似的
要我更正，我則據理以答，不少退讓。無他，
本性難改是也。

　　午餐後，未稍憩，相約數人，跟隨中山家
屬研究專家李伯新先生，乘車分別前往翠亨
村、中山中學參觀，及至國父之父達成公、孫
德彰之子孫昌等墓前憑弔。當一行經過翠亨村

古老舊宅及街道時，不禁勾起思古懷往之幽情。私忖將來退休後，甚願來此寄居民間勾留數週，作為寫作的參考，那將是一件很有意義的事。

下午參加綜合座談會，與宋慶齡友誼甚篤的愛潑斯坦老人暢談甚久。五時欲再至中山故居瞻仰，惜已關門了。

晚餐菜餚甚豐，備有白酒。我想品嘗一下葡萄酒，未列預算，然某領導即囑侍者取來飲用，足見處斯土也，權力是高於一切的。

晚，初識小友趙利斌又來了，十九足歲，西安人，中專程度，舞蹈專才，能言善道，思維敏銳，勸其勤練書法，宜有生涯規劃，臨別時送他三件禮物為念，並望爾後多多聯繫。

闡述「孫學」在北京

一、

今春北京市社科院舉辦「孫中山與近代中國」學術研討會，兩岸及美籍華裔學者五十餘人應邀參加，筆者名列其中。除了參與三天的研討會外，曾應北京五個院校的邀請（包括中國社會科學院近代史研究所、北大、北師大、人民大學及首都師大），前後做了七次的專題演講。講題以孫中山先生的傳略與理念為主軸，從而介述其大學生涯及闡揚其儒家孝道思想等學說。大陸同胞對中山先生咸表尊崇，但對其所知似甚有限。

北京市社會科學院訂於一九九九年三月二十九至三十一日在北京召開「孫中山與近代中國」的學術研討會。特別選在「三二九」開會，也就是黃花崗七十二烈士殉難的八十八周年紀

念日，值此兩岸著重學術交流之際，堪稱別具
深意。三月二十八日下午四點許，當台灣學者
一行數人甫出北京機場，即受到主辦單位派員
專車接送，熱誠招待，盛情可感。送至前門飯
店報到時，領取開會資料，同時致贈一枚巨型
刻好與會人員姓名的雞心石圖章，聽說皆係出
自北京雕刻名家的傑作，代價不菲，足證用心，
它是我所有圖章中最好的一個。很有紀念價
值，自然值得珍惜！

二、

這次參加學術研討會的，包括兩岸及來自
美國的華裔學者專家共計五十餘人，新知舊雨
集會三天，或共聚一堂，或分組討論，提出的
論文有三十五篇，略可分類為思想與歷史兩
類。我提的論文題為〈孫中山名字號考述〉，
係三十多年來，從浩若煙海的革命史料中，一
似海底撈針似的所蒐集孫中山先生的各種名、
字及號，竟然多達六十一個之多，計有三萬六
千餘言，祇能電傳論文提要約一千字，致研討
會，俾供與會人員參考。中山先生如此之多的

名、字號，其來龍去脈堪稱為一部傳記的縮影。特別值得提出的是：中山先生的本名、字及別字，殆皆寓用深意，綜其一生，無論在處世、治學、革命等的非凡成就，皆可在他那十多個名、字、號中，找到與史實相符的印證，堪稱「名副其實」，而且「名不虛傳」。它們是「德明」、「帝象」、「帝朱」、「日新」、「逸仙」、「文」、「汶」（？）、「載之」、「翠溪」、「中山」、「公孫武」、「公武」、「強武」，共計十三個之多。

　　其次，中山先生但為革命，輒須自我犧牲，為保行跡隱密，時而埋名隱姓，另取化名。他在海外奔走革命時，所使用過的中外化名甚多，大致按照取名先後的時間順序，臚列於次：「陳文」、「陳載之」、「林行仙」（？）、「Y.S.Sims」、「中山樵」、「李竹痴」、「高野長雄」、「張宣」、「興公」、「中山博士」、「吳沖」、「吳仲」、「中山二郎」、「山月」、「高達生」、「東山」、「武公」、「肅大江」、「蕭大江」、「無羔生」、「逸人」、「Dr.G.S.Sun」、「杜嘉諾」、「Longsang」、「艾斯高野」、「Dr.ARABA」、「Dr.Alaba」、「王康賢」、

「黔上昧昧生」、「汪國權」等。綜計其化名，共達三十個之多。

復次，中山先生一面革命，一面讀書，學貫中西，能文善辯。讀其論著，多次自取筆名，惟很少使用耳。至其類似筆名的署名，似難歸類，衡諸性質相近，姑併列之：「杞憂公子」、「中原逐鹿士」、「南洋小學生」、「南洋一學生」、「凌霄」、「明德」及「寶嘉」等七個。

最後，介述中山先生的綽號，他的每一個綽號後面，都襯托著一個不同的時代背景、一個特殊社會裡的人群心態。對於若干名不副實的綽號，另予解釋與辯誣。它們是：「石頭仔」、「洪秀全」、「番鬼子」、「通天曉」、「孫行者」（孫悟空）、「山將軍」、「吳大帝」、「孫大砲」（孫大泡？）、「中國的摩西」、「中國的班哲明」、「中國的華盛頓」等，十一個之多。

以上所述中山先生的名、字、號，包括中外化名、筆名及綽號，多達六十一個。當我在三月二十九日下午的研討會中，報告這篇論文後，引起了大家的注意與興趣。有人好奇，頻頻垂詢。我立即宣布：這六十一個中山先生的

名、字及號，是我多年來專研「孫學」（Sunology）所蒐集的一點史料，呈現於此次研討會。如果哪位女士、先生發現新的材料，俾資「匡補闕遺」，無任歡迎。凡提供一個名字或別號者，本人即奉贈孫中山先生紀念銀幣一枚，誠信為重，決不食言。眾聞此語，不禁笑樂！中國文化大學郭展禮教授對拙文很感興趣，會後索閱，熬夜讀完。

三、

在進行分組研討時，我被分為屬於歷史方面的第一組。首先發表論文的是中國社會科學院近代史研究所楊天石研究員，題為〈孫中山晚年的幾個問題〉。他認為：從一九二四年（民國十三年）十月九日，孫中山致函張作霖，表明反對階段鬥爭；之前，演講〈民生主義〉時，對馬克思主義曾加嚴厲批評。聽到這段話後，深覺大陸學者一反過去的政治禁忌，能夠忠於史實，本諸學術良知，來做學問，難能可貴。淡江大學教授李本京博士所提論文為：〈孫中山海外募款〉（一九○九～一九一一）。此文

係小題目，容易討好。可是作者卻將「三二九之役」黃花崗七十二烈士扯在一起，他認為但為這次起義，犧牲了如此多的社會菁英分子，是否值得，甚表疑慮。殊不知誠如中山先生所云：「是役也，碧血橫飛，浩氣四塞，草木為之含悲，風雲因而變色，全國久蟄之人心，乃大興奮，怨憤所積，如怒濤排壑，不可遏抑，不半載而武昌之大革命以成，則斯役之價值，直可驚天地、泣鬼神，與武昌革命之役並壽。」拙著《國父革命與洪門會黨》一書，略云：「三二九之役雖敗，但革命青年犧牲奮鬥的精神，卻像春雷似的震動了蟄伏已久的人心。先烈之血，主義之花，不到半年，武昌起義，一舉功成。廣州的失敗，卻為武昌奠定了成功的基礎；武昌的成功，也是廣州犧牲的代價。」私忖：一個人的生命價值端視其對國家社會奉獻、犧牲的程度以為斷；論犧牲奉獻，誰都不能比犧牲生命犧牲得更多。對於七十二烈士的殺身成仁，捨生取義，實在不好再說什麼！

　　正在開會辯論的緊張時刻，有人示意我外出，原來是中央電視台要製作特別節目，針對孫中山先生的生平事蹟及學說等訪問，記者提

出了許多問題，我皆一一回答。對方表示肯定，自己還算滿意。是為辛亥革命紀念的系列報導之一；留美學人、史坦佛大學教授韋玉華博士也同時接受訪問。

研究「孫學」四十年的廣州中山大學段雲章教授提出的論文 ──〈孫中山的跳躍論〉，他肯定中山先生是一代偉人，不過認為他的思想前後頗多矛盾。他說孫中山也有不偉大之處，並列舉史實。中山大學孫中山研究所林家有所長提出的論文：〈論孫中山國權與民權並重的思想〉，強調沒有「國權」，就沒有「民權」。十分符合中共思維，與會人員皆可理解。不過他認為：孫中山重工農而輕商，很有商榷的餘地。

自由討論時，我針對上述段、林兩位教授的論點，提出不同的意見。我說：段教授既然稱道中山先生是一代偉人，又批評他有不偉大之處，在邏輯上似不夠周延。我們不必把偉人「神化」，但世界上確有「超人」。偉人也是血肉之軀，自然有七情六慾，而此無礙於其偉大之處。對於林所長認為中山先生輕商問題，他曾舉當年商團團長陳廉伯為例。我引證中山先生上李鴻章，所提「四大綱領」：人能盡其

材（士）、地能盡其利（農）、物能盡其用（工）、
貨能暢其流（商）。至於陳廉伯是以英港為後
盾，而要扯革命政府後腿的，中山先生當然反
對，不能憑此就算是輕商。

四、

　　聽完了各組的論文報告後，我提供了一點
意見，大意是這樣的：根據歷史的發展，時代
的潮流，分裂已久的中國，遲早勢必統一，這
是人心所向，大勢所趨。誰都擋不住的。自清
末民初近百年來，由於「舶來」思想進入中土，
各種主義學說紛然雜陳，趁隙而入，而知識分
子崇洋媚外，饑不擇食者，大有人在。長久以
來，黨同伐異，擾攘紛爭，了無寧歲。究其遠
因，實係彼此堅持不同的意識型態，各行其是。
而一味否定對方，馴至勢如水火，儼若敵國。
兩岸三地，各行不同的主義，有成功的範例，
也有失敗的教訓。有人說現代中國成為西方文
明下的個人自由主義與集體社會主義的實驗
場，國人幾乎替洋人瞎忙活兒。白種人崇尚達
爾文優勝劣敗學說，有所謂「白種人的負擔（包

袄）」（White people's burden）；「美國第一」
（America first）的民族優越感，慣將自己的政
治制度、思維方式等，強加他邦。尤其擅用以
子之矛攻子之盾的伎倆，俾令鷸蚌相爭，坐食
其利。猶記史學家蔣廷黻臨逝世前，慨云：清
季李鴻章輩，慣用「以夷制夷」政策；難道現
今列強不會援用「以華制華」政策嗎？兩岸統
一，此言值得深思！

　　來自美國的戴鴻超教授則認為：美國固為
世界首屈一指的強國，他同時也希望中國強盛
起來，跟美國一樣。他的說詞不知所據為何？
因開會時間已過，未便多談。不過，會後，我
曾徵詢與會人員的意見，眾皆咸認戴氏論點只
能說是他個人的意見。可見教育對人的影響是
何等深遠。

五、

　　三月三十日（星期二）晚，在湖廣會館觀
賞京劇坐宮等後，重返前門飯店，國父孫女孫
穗芳女士知我明將在綜合座談會上代表台灣學
者報告總結，堅持要我批評中共曲解中山先生

在歷史定位及學說理念上的不當，而應一如台
灣尊稱其為「國父」。我坦直答覆她說，學術
討論當可自由發表意見，見仁見智，是為常態。
唯若非要大陸方面均得接受中山先生為「國
父」，無論在歷史與邏輯方面都有問題。中山
先生被尊稱為「中華民國國父」（民國二十九
年四月一日國府通令全國遵行），自有所本，
視若當然，已行之近六十年了！可是現今統治
大陸的是「中華人民共和國」，他們並不承認
此事，我們不好強加於人非如此不可。孫女士
也未再辯駁，她說那就尊稱為「中國國父」好
了！我認為這更有問題，最大的理由是孫中山
先生不能跟華盛頓將軍的處境相提並論。美國
原屬英國的殖民地，由於華盛頓率領戰敗英
軍，而創立美利堅共和國，被美國人民尊稱為
國父；而孫中山先生是因肇建中華民國被國人
尊稱為國父。實則在中山先生沒出世前，中國
早已存在好幾千年，與美國情形不同，怎能一
廂情願地認定中山先生為中國國父呢？孫女士
又說，那麼尊稱中山先生為「近代中國國父」
如何？我則認為此事牽連甚廣，似乎也不宜在
此短促的學術研討會中貿然提出，因為我料想

這不會有什麼具體結果的。

六、

三月三十一日（星期三）上午，研討會閉幕典禮，嗣即舉行座談會，事先已推舉四人分別代表歷史、思想兩組提出總結報告。台灣方面由東海大學教授馮啟人博士和本人報告。輪到我代表歷史組發言時，我說：今天不談中國統一則已，要談，必先有交集點，否則，南轅北轍，永遠也談不攏。細數近代中國偉人能被兩岸三地，乃至世界各地華僑所肯定與接受的，除了孫中山先生以外，恐怕不作第二人想。他是中華民族共同尊崇的民族英雄、精神領袖；是舉世聞名、世界公民、近代偉人，他的歷史地位無人可以替代。但一般人往往是知其然，而未必知其所以然。因為他的豐功偉業彪炳蓋世，以致似乎淹沒了他在思想學術方面的成就。談到「孫學」，輒與政治畫上等號，不是霧裡看花，就是隔靴搔癢。

很多人都表示疑惑：中山先生逝世迄今已近四分之三世紀了，物換星移，世事多變。他

的代表作《三民主義》，自有當時的侷限性。時代在變，環境在變，我們為什麼非堅持固定的意識型態，而非一成不變呢？殊不知世間固有日新月異之理，例如科技方面的發明創造；然而，也有萬古常新之義，如日月經天、江河行地，道德倫常，亙古如斯，何嘗變更？又如曩昔的獨輪車輪，現今噴射飛機的輪子，都是圓形狀的，始能滾轉向前；再說我們的一日三餐，儘管每餐菜色不同，而對米、麵，則終身久食不厭。

概括人生的三個境界，可分為自然界、社會界及人文界三個層面；探討現代化的涵義，應可涵蓋經濟技術、社會政治及價值體系三個層次。若將中山先生的思想學說，以此分類：民生主義、實業計畫與錢幣改革，屬自然界（經濟技術等）；民權主義、民權初步與地方自治，屬社會界；民族主義、孫文學說與軍人精神教育（實則適用於全民），如此面面俱到，舉世殊不多見。宜乎中山先生說，世界上的主義有的解決一個問題，有的解決兩個問題，將人生三大問題，同時予以解決的，祇有他的三民主義。

台灣農村的土改成功，舉世皆知，是根據

民生主義耕者有其田政策實行的；然而，都市土改並未遂行「都市土地國有」及「漲價歸公」的原則，以致地主坐享其成，不勞而獲。富者地連阡陌，華廈如雲；貧者無立錐之地而淪為「蝸牛族」。貧富懸殊，誠為西方資本主義弊病的翻版。

　　台灣屬於多元化的民主社會，個人自由主義盛行，價值觀念混淆，流弊所及，是非不明，善惡不分，甚至有人連國家、民族都不認同。近年來，每藉「修憲」之名，陰行「毀憲」之實。別具用心的人倡行「三權分立」，替代「五權憲法」。殊不知中山先生早言：世界上成文憲法是美國的最好，不成文憲法是英國的最好，英國是不能學的，美國是不必學的。我們要向西方學的是科技，而非政治制度。其政治制度只能參考，而不能移植。

　　世界上從來沒有一個看不起自己的國家、民族的人，能夠獲得他國異族的尊重的。猶太亡國久矣，時以「上帝選民」自許，卒能歷經變亂，重建祖國 —— 以色列。我國自鴉片戰敗後，以迄辛丑和約，庚子賠款，由排外、懼外，而媚外；由自大、自卑，而自棄，民族信心喪

失，直到現今還未把它找回來。例如：「來、來、來，來台大；去、去、去，去美國」。台灣最高學府久已變成美國預備學校。一葉知秋，餘可想見。

　　三月三十一日上午學術研討會舉行閉幕典禮，繼則由各組推派代表，報告討論總結，已如上述。午間在前門飯店大廳會餐，由北京市社科院長高啟祥研究員作東。與會人員及承辦行政者近百人參加，菜餚豐盛，賓主盡歡。一吃就是個把小時，未等飯菜吃完，匆促間即偕北大王曉秋教授、孫穗芳女士先行離席，乘出租車前往西郊海淀區北大文學院歷史學系作專題演講。這是開會前王教授特別為我安排的。孫女士聞後，主動表示願意同行參與，與人為善、謙謙君子的滬籍王教授在理念上與孫女士頗多不同，但仍曲從她的要求，陪同前往北大。經過四十分的行程始達目的地。北大名氣很盛，然其設備很普遍。

七、

　　北大畢業的王曉秋教授和我係舊識，多年

前在香山縣翠亨村召開的孫學研討會、今年一月在台北國父紀念館舉行的「孫中山與近代中國」學術研討會等，多次聚晤交談，共同話題甚多。我聽說北大已經成立「孫中山思想國際研究中心」，非常高興，心想向以中山先生為正宗嫡傳的台灣已將各類考試取消「國父遺教」、「三民主義」，大陸反而對「孫學」很重視，尤其北大此舉，無異頗具指標作用，這是值得支持與鼓勵的，希望彼此相識交流互補。王教授囑我出些演講題目，我乃就所學專業擬了四道題，他認為「孫中山先生的大學生涯」比較切合學生的需要，於是事先敲定。私忖此題屬於史料性的介述，無涉意識型態，避免政治禁忌。而況我曾著有此一專書近三十萬字，只要摘其精要部分，略為介述即可。王教授又說北大校風開放，學生們喜歡提問題辯難，我說非常歡迎，即使再尖銳的問題難倒我也無所謂。開講前，王教授持我的簡歷介紹一番，稱我為「台灣孫中山研究專家」，又不免稱讚幾句。

在北大一教一〇三教室出席的全是博、碩士班的研究生和幾位教師。我先將中山先生

幼、少年求學經過略作介紹，點到為止。他幼
讀私塾時，對老師一味硬性規定必須背誦頗不
以為然，曾請求講解，不但未達所願，反而遭
受責斥。我以自己為例：抗戰時年幼，一度失
學，家母教以《三字經》：「人之初，性本善，
性相近，習相遠，苟不教，性乃遷，教之道，
貴以專……」。當時我對「苟不教」大惑不解，
心想：狗不是天天在叫嗎？引起聽者笑樂！

　　在輕鬆愉快底氣氛中，我分析中山先生十
三歲出洋，「始見輪舟之奇，滄海之闊，自是
有慕西學之心，窮天地之想」，使其大開眼界。
嗣在檀島接受西式中等教育，願做基督徒等，
啟發了他的人生觀。其後他在香港、廣州接受
中西合璧的高中教學及六年的西醫教育，其間
由於許多名師的教導，自己發憤苦讀，從而奠
定其學貫中西的基礎。綜計中山先生前後接受
正規教育達二十年之久，適佔其生命三分之
一。他在香港西醫書院是以首屆第一名成績畢
業的。書院的評分標準：以「H」代表榮譽成
績（ "H"〔 Honours 〕 signifies "Passed with
distinction"），即優良成績；以「P」表及格成
績（ "P" Signifies "Passed"），即普通成績。中

山先生獲榮譽成績十門。而香港西醫書院自一八八七年創辦，以迄一九一三年合併香港大學，前後二十七年中，共招學生一百二十八人，畢業者僅五十一人，成績優異者不在少數，然皆無出中山先生之右者。我舉此數據實例為證時，引起了師生們的注目，他們似乎充滿了傾慕與好奇。我強調中山先生於青少年時所接受的西式教育別具特殊意義。於是引用蔣廷黻博士所著《中國近代史大綱》中底話：

「第一他與外人接觸最早，十三歲就出國了。他所入的學校全是外國人所設立的學校，他對西洋情形及近代文化的認識遠在李鴻章、康有為諸人之上。這是我民族一件大幸事。因為我們既衹能從近代化找出路，我們的領袖人物應對近代文化有正確深刻的認識。第二、中山先生所受的教育是科學的教育，而且是長期的。科學思想方法是近代文化的至寶。……我們倘不了解這一點，我們就不能了解為甚麼中山先生所擬的救國方案能超越別人所擬的方案。中山先生的一切方案是具體的、精密的、有步驟的，各方面面都顧到的，因為他的思想是受過長期訓練的。」

更重要的是，中山先生一面革命，一面讀書。試閱他的著作宏豐，足證其博學多智，而其絕大部分端賴自修。古人說：「大丈夫當讀萬卷書，行萬里路。」中山先生醉心於學，涉獵甚廣；而且亡命海外，奔走革命，周遊世界，見聞頗多。說他學貫中西，窮究天人，能見人之所未見，發人之所未發。大學生涯對他的啟迪，影響至為深遠。

八、

我講述了約為一個半小時，因夜晚應民革中央餐敘，祇好匆告結束。嗣即徵詢問題，逐一解答。首先提問的是位年輕英俊「帥哥型」的某碩士生（後來知道他叫徐中煜），他問孫中山先生對馬克思的觀感如何？我答覆說：孫先生對馬克思治學有成，深表敬佩！但他認為：師馬克思之意則可，用馬克思之法不可。共產主張的三大法寶：唯物史觀、剩餘價值皆有道理，然不全面；最可怕的是階段鬥爭，中山先生曾批駁之。他後來受到克魯泡特金《互助論》的影響很大。從而認為「物種時期以競

爭為原則，人類時期以互助為原則」。講到這些，我忍不住將民生史觀的精要提示：人類之可貴，除了求生之欲，還有能思之心。保、養、知、行與互助，都是求生存不可或缺的條件。其每一項原於必需條件，五項加在一起為充分條件。條件是寓於原動力之中的。民生史觀以人類求生存為歷史的動力。此一元論較為周延。限於時間，實在無法多加闡釋。繼由一位哲學研究所的女博士生問到中山先生的倫理思想，我認為當此兩岸同胞皆強調「精神文明」、「心靈改革」之際，此一問題很值得研究。原來她是準備以此題目撰寫博士論文的，我當即表示：願於返台灣後，替她蒐集一些相關的資料，樂觀其成。另有一位坐在後邊的年輕教師問到中山先生與基督教的關係，我說個人的力量有限，而信仰的潛力無窮。歷史告訴我們：孫先生一生，無論治學、革命、建國，乃至主張世界大同（他生平嗜書「天下為公」、「博愛」），都受了基督教很大的啟發。我做過這樣的專題研究，甚願提供參考。後來由孫穗芳女士以中山先生孫女的身分，報告她近年來專研「孫學」的經過。

九、

四月一日（星期四），晴。清晨八點，翁羽君駕車接送，前往北京師範大學訪談。途中邊走邊談，他說凡掛白色車牌汽車經過，必先清道，禮讓優先通過……。可見「權力」高於一切，宜乎大家相競追逐，視為最高的價值標的。

甫達北師大歷史系，即被引進於會議室，名近代史家龔書鐸教授及其門生故舊十多人在座，高懸「熱烈歡迎莊政教授」條幅，略為介紹，旋即拍照留念。

在此特別略為介紹龔書鐸先生，福建人，一九三〇年生，抗戰勝利後，曾來台就讀省立師範學院史地系，嗣返大陸探親，時局遽變，繼讀北師大歷史系。專攻中國近代史，治學有成，著述宏豐。現任北師大史研所所長兼博士生導師、中國史學會副會長、北京市歷史學會會長。據聞他常去中南海給中共總書記江澤民氏講述歷史，堪稱當今「帝師」。巧妙的是，他的胞姊龔書綿女士乃國畫家高逸鴻大師之妻，高先生又是蔣經國先生的國畫老師，亦曾

榮膺「帝師」雅號，如是罕例，史不多覯。龔先生與我相識多年，近年來兩岸學術交流不斷，彼此曾在多次的研討會上相見，龔先生長我一歲，既是福建同鄉，又是史學同道，多重關係，很談得來，這次至北師大座談乃由其妥為安排。

　　事先，我直覺地以為要在講堂裡為學生們作專題演講，詎料其安排的是座談會，參加研討的多是教授、副教授，也有幾位博士生。既然大家都是學者同行，由我一人講述，不如請各位提出問題，就我所學所知逐一試作答覆。詢及中山先生晚年思想有關所謂「聯俄、容共、扶助工農」部分。我說容共在先，聯俄在後。當時共產黨員係以個人身分加入國民黨，而且人數不多，勢力不大。我認為說「容共」比「聯共」符合史實；至謂「聯俄」係中山先生謀求外援皆不可得，侷促廣州一隅，處境艱困非常，在萬不得已的狀況下，一隻來自西伯利亞之援手，向他伸張過來。他形容自己就像掉入河裡，即使有一根草，他也要緊抓不放。總之，中山先生晚年在廣州組黨、開府和建軍等，確曾獲得俄國的援助，然而他跟俄國學的是策略，而

非主義。

　　朱漢國教授認為中山先生的政黨論點，前後矛盾，說法不一。我先說明中外政黨的型態迥異，西方是先有國家，政黨代表某部分人的利益與政見，獲得民眾支持後，組織政府，位居國家之下；而國共兩黨發展不同，先有革命領袖，再成立黨，由黨獲得政權後，始建立國家。原則上，中山先生是主張兩黨政治的，執政黨秉政，在野黨制衡，輪迴執政，以免一黨專政，權力使人腐化。

　　一位博士生李德芳君有志研究地方自治，我認為很值得研究，並謂家岳申公完白博士追隨李宗黃先生多年，兩公致力地方自治研究數十年如一日。李君開列書單一紙，託付我返台代為查詢資料，我義不容辭地欣然允諾了！

十、

　　四月二日（星期五），晴。早餐後，主辦研討會行政單位派車送往馳名北京的大觀園參觀。中山大學段雲章教授、廣東社科院研究員王杰博士和我三人同行。此一壯麗的建築物完

全仿照曹雪芹名著《紅樓夢》中的大觀園的藍圖設計而成。多年前在此拍完電影後，原封不動，保存原貌，而成為北京觀光的重要景點之一。各式古色古香的建築，雕樑畫棟，美不勝收；林園假山、湖波盪漾，景色宜人！實為休閒活動、散步談心的絕佳去處。

　　湖南籍的段雲章教授專研「孫學」四十年，執教著述，卓然有成。三天前，在研討會上我曾批評過他，此番同遊，毫無芥蒂。兩人盡情暢談，來個「交心運動」。他曾當過解放軍，不久棄武從文，矢志教書治學，現為大陸屈指可數的「孫學」專家。他知道我是青年軍當兵出身，套中共的術語，不但是「臭老九」，還被列為「黑五類」。國共鬥爭交戰時期，我倆應屬針鋒相對的敵人，而今環境改變，卻成為志同道合的友伴，彼此傾訴衷曲，談得非常投機，大有「不打不相識」、相見恨晚之感。我跟他說：我想國、共兩黨的大目標都是一致的 ── 國家富強、民生樂利。所不同的無非是手段、方法與過程而已。這是可以坐下來談，相互溝通、求同存異，老打不是法子。中山先生以為兩個國家談不攏，才打；打完了仗，還是

要回到談判桌上來的。兩國如斯，兩黨何嘗不然。半個世紀以來，兩岸互鬥，儼若敵國，國民的實力都內耗掉了，實在太可惜！現今世界列強都不希望有一個強大的中國出現，中國得天獨厚，地大物博，人口眾多，具有五千年的歷史文化，無奈長久以來，國事如麻、積弱不振。可是現在中國人生活改善，富強可期。西方人士藉口「中國威脅論」，實在是以小人之心度君子之腹。儒家行仁，忠恕之道，己立立人，己達達人；己所不欲，勿施於人。就像保險盒一樣，大可避免電線走火。宜乎中山先生慨云：中國一旦強盛以後，不會侵略他邦，那將是「黃福」，而非「黃禍」。

段教授對我這番話，首肯稱道，表示贊同。我又說：國共相爭久矣，民生凋敝，了無寧歲。我常懷疑這是否有洋人在暗地裡從中煽火，以收漁翁之利。兩岸對峙半個世紀，是否可解釋為個人自由主義與集體社會主義相互鬥爭的縮影呢？我想中華民族要自我覺悟：國家民族的利益超過任何黨派，國民團結，一致對外，千萬別中洋人們的計。

正午社科院近史所民國史組主任王學莊教

授邀請餐敘，段教授、王博士非拉我同去不可。主人見到我這不速之客甚表歡迎。近史所十多位研究員齊聚一桌，暢談豪飲，盡歡而散。近史所邀請我於四月六日上午演講，主人出了題，題為「孫中山思想與實踐」，題目太大了些，我想到時祇能摘要一談。

下午四點多，就近逛三聯書局，三層樓空間甚大，到處都是書籍。而我所要買的書，查電腦有，卻找不到，足見管理不佳。在書店裡發現一奇異現象：數十位青少年學子在樓梯通道間，紛紛排列蹲座兩旁，在幽暗的照明設備下，人手一冊，專心攻讀，他們為何如此委屈自己，是不是根本買不起這些書呢？

十一、

四月六日（星期二），晴。上午九點社科院近史所派車來接。地處王府井大街東廠胡同一號，原係明清兩朝緝訪刺探的特務機關所在，現已建為崇樓，庋藏史料甚豐，研究人員質量均高，乃大陸近代史學術研究重鎮。多年前曾來參訪，留下深刻的印象。所長張海鵬研

究員講一口湖北話，學養深厚，待人熱誠。我多次參加大陸舉辦的學術研討會，都曾相遇交談，很合得來。承蒙他們看得起，主動邀請我針對中山先生的思想與實踐方面，做一次專題演講，往來無白丁，我自然很高興。

首先，我認為兩岸統一必須樹立精神標竿，誰，最配擔此歷史重任，細數近代歷史人物，捨孫中山先生莫屬。兩岸研究「孫學」皆有所績效。然而迄今為止，拿破崙傳已有五千餘種，孫中山傳不過一兩百本而已。國人在這方面努力的空間仍然很大。我們要想了解一代偉人的思想與志業，必先研究他的生平行誼；若不知其為人，焉能知其行事？否則，我們光談形而上的東西，似乎並不科學。

我說人生三境界——自然界、社會界與人文界，適與中山先生的民生主義、民權主義、民族主義扣得上，合得來。質言之，孫文主義（包括建國方略）可以涵攝人生全部。而主義有原則性與政策性之分，前者守正持經，後者臨機應變。孫中山先生在民族主義方面，特別提出「能知」與「合群」。「能知」即憂患意識。例如日本明治維新所以能夠成功，即因全

國精神武裝，一致發憤為雄故。馬志尼說：「義
大利要得救，全在其人民身上，勿希外人協助。」
康德黎認為：「中華民族具有五千年的歷史，
聚集廣博的精神財富，代代相傳，歷久不衰。
深信中國人的聰明是世界上第一流的，即使在
歐洲，也只有德國人的智商差堪相比。」名醫
至言，發人深省！所謂「合群」就是團結精神，
我國家族、宗族觀念過於發達，形成一片散沙，
而滿清統治更是雪上加霜。再則民初個人自由
主義盛行，人心渙散，各行其是。沈君山博士
十多年前參訪美國。聽說華埠動物園有一對熊
貓叫丁丁和玲玲，自從一九七八年中國大陸把
牠們送來後，管理員一直希望牠們「團結」，
可是誰都不肯，有東西情願給螞蟻吃，給蟑螂
吃，給老鼠吃，就是不給對方吃。中國人在自
己的團體中，大部分時間和精力，都花在你鬥
我，我鬥你上，和熊貓的個性並無二致。我舉
此例證，張所長及研究員們都會心一笑。

十二、

在政治制度上，中山先生認為必須合乎國

情及民族性。無論總統制或內閣制等，祇能參考而已。但絕不宜「移植」，否則，東施效顰，畫虎不成。因而他發明了五權憲法。考試與監察皆對人而設，前者乃積極地考選人才，蔚為國用；後者是消極的對違法失職的官吏加以彈劾、糾舉，以澄清吏治。雖在世襲的帝王時代，宰輔以次皆科第出身，無異平民輪迴執政。所謂白衣而致卿相，史不絕書，代有其人。而公職候選人必經考銓合格；考選專門職技人員，除為保障人民生命、財產、權益外，且有向社會推薦作用。民主不能離開法治，誠如孟子所說：「不以規矩，不能成方圓。」在英國國會議場中，兩黨各據一方，而兩黨坐位也有相當的距離，據說，這兩條紅線距離的劃定，是經過測量的，以兩黨代表各站在兩邊紅線以內，雙手各執一劍相交，均打不到對方為標準來設置。英國議會議場的理性問政方式，令人激賞，值得效法。

　　「建設之首要在民生」，經建攸關民生，否則一切落空。中山先生鑒於西方工業革命成功後，社會貧富懸殊，動盪不安。為免其積重難返，歷史重演，即防患於未然，故將中國工

業革命與社會革命畢其功於一役。質言之，擷取資本主義機器生產、企業管理等所長，以達到均富樂利的目的民生主義（中國式的社會主義）。用平均地權方法，使耕者有其田，都市土地漲價歸公；以直接稅等方式重新分配財產；以國營實業促進公利事業、加強國家實力。此外，育樂設施至為重要，「育」包括生育、養育與教育。台灣計畫家庭很有成效；台灣教育普及、國民素質提高，是造成經濟發達的重要因素。台灣的政策是鼓勵人民將潛力發揮出來。可惜當局忽略了文化建設，人文素養較弱，社會風氣敗壞。在上者以權謀私，在下者胡作非為，人性扭曲，教育偏枯（只重智育，罔顧德育、群育和美育），以致價值觀大有問題。胡漢民先生強調「三民主義的連環性」，認為：「民族主義是民權主義與民生主義的民族主義；民權主義是民族主義與民生主義的民權主義；民生主義是民族主義與民權主義的民生主義。」這是很富哲理的銓釋。

　　我的專題演講歷一個半小時結束。自謙此乃讀書心得報告，一得之愚，還請指教。主持人張所長聞後不免誇獎一番，並表示感謝。包

括副所長虞和平博士、莊建平編審、劉紅副處長等一行多人，遂在餐廳午餐，菜餚豐盛，美酒飲料，杯觥交錯，邊吃邊談，幽默風趣，而不拘束。主人頻頻布菜、勸酒，我以素不善飲，且下午及晚間尚須分赴北大、北師大兩校演講，匆匆結束餐敘，未及暢談而辭去。

十三、

社科院近史所特派原接我前來的司機先生，專車送我至北大文學院。城內距離西郊甚遠，一路上武警站崗，戒備甚嚴，部分交通車輛管制，車子將抵達北大大門時，武警囑司機繞道而行，我即聲稱來自台灣學者，此行乃應邀前往北大演講，而且時間不宜耽擱。武警聞後，即許逕往。進入北大後下車，向司機先生道謝，並致贈帶有孫中山先生肖像的壹佰圓新台幣一張，聊作紀念。在北大歷史系去見中國近代史教研室主任徐萬民教授，他是陝西人，五十多歲，中共黨員，北大畢業。他跟研究所師生們聽完我首次在北大演講後說：「台灣來的教授講課風趣幽默，輕鬆活潑，相形之下，

我們的教授比較古板，太僵化了！」

　　北大文學院原係半個世紀前美國教會創辦的燕京大學校舍，宮殿式的古典建築，紅牆綠瓦，飛簷磚壁，古色古香，勾人思古懷舊之幽情。歷史系辦公室係一座平房區隔幾座單間。徐萬民教授的辦公室正中置一長條木桌，兩旁擺著幾把坐椅，類似小型會議室，可供研究生同用，亦未可知。室內到處堆積資料等物，徐教授直說設備簡陋，我也頗感詫異，直覺上以此辦公處所，實與名滿遐邇的北大，的確很不相襯。但我不好逾越作客的分寸，未敢直言。

　　在演講前，我請教徐教授，說明孫中山先生在講述民族主義時，特別強調恢復民族固有道德、智能……在八德中，尤對孝道非常重視，可否以此為主軸切入，加以闡述。徐教授深表贊同，他說你儘管可以多講，現今青年學生最需的就是傳統文化中攸關倫理道德方面的知識。經他如此提示，更增強我的信心，居然在充滿了民主自由開放學風的全國最高學府，大談被過去視為封建迂腐的儒家孝道。徐教授應我要求，特請前幾天聽過我演講（「孫中山先生的大學生涯」），且曾發問過的碩士生徐中

煜臨時「客串」嚮導，陪我參觀校園，遊覽景物。當我倆經過景色綺麗的未名湖時，對岸出現多達四十多部轎車的車隊魚貫而行，原來是埃及總統穆巴拉克及隨員與媒體記者等前來北大參訪。我跟年輕英俊、山西農家出身的徐同學開玩笑說：「你看哪，多神氣！大丈夫當如是也！」他笑了！

十四、

四點鐘正，徐教授已在大教室等候，甫進教室，精神一振，二百五十多位大學本部的各系男女幾乎坐滿教室，場面壯觀。徐教授把他的「小蜜蜂」別在我的衣領上，袖珍電器置於西裝口袋裡。

首先，我對有機會獲邀到嚮往已久北大來專題演講，深感難得與榮幸。相傳全國每年大學院校舉行高考（等於台灣的大學聯考），各考區一共錄取榜首（狀元）八十餘人，唯獨北大竟然佔有五十多名，可見同學程度之高。

今天演講的主題是〈從孫中山先生遺教論及孔門孝道〉。孫先生在《民族主義第六講》

略云：「講到孝字，我們中國尤為特長，尤其比各國進步得多。孝經所講究的孝字，幾乎無所不包，無所不至。現在世界中最文明的國家，講到孝字，還沒有像中國講到這麼完全，所以孝字更是不能不要的。國民在民國之內，要能夠把忠孝二字講到極點，國家便自然強盛。」孝的對象雖以父母等尊親為主，原係感恩圖報，不過我們可由孝親，擴大至民族，孝文化、孝祖國、孝天下，由邇而遠，逐步實踐，這是合乎我國傳統的政治哲學的。

　　中山先生的道德思想分為三類：一是群性道德，二是偶性道德，三是個性道德。我國數千年來的倫理道德思想乃以「偶性道德」為宗，而以孝為百行之先，以五倫擴及社會各階層。在五倫中，父母與子女的關係最為親密，因而孝在諸德目中，特別具有「普遍性」與「永恆性」。因為人皆為父母所生，孝道也就成為人人必須遵守實踐的道德原則。有人懷疑五倫既然是相對的，為什麼孔門卻特重孝道？我想其理由有兩項：第一、聖人提倡一種德目，皆有事實根據，而非憑空臆造。道德愈具有普遍性的愈有價值。孝道就是根據於此。因為人的生

命皆從父母而來，父母之於子女，實為一體生命的分化，父母生育子女以延續生命，子女成長以繼承生命，人間至親，孰過於此？既然無人無父母，孝跟人人都有關聯，豈不是有普遍性了嗎？

　　我想各位多少都讀過孝經，至少知道有《孝經》這本書。可是各位讀過慈經沒有？讀過的請舉手。經我再三垂詢，兩百多位同學中竟無一人舉手。我故作驚訝狀，跟大家開玩笑說：「北大學生居然如此這般地孤陋寡聞？」台下掀起一片笑聲。我調侃地說：「你們當然沒看過慈經，因為世界上根本沒有慈經這本書！」大家被我逗得大笑。

　　第二、孔門之所以提倡孝道，實因善盡孝道並非容易的事。例如《孝經》所說：「身體髮膚，受之父母，不敢毀傷，孝之始也。」對於血氣方剛、鬥狠成性的青少年來說；對於嗜賭酗酒，通宵達旦，自我戕害的人來說，連這孝的 ABC 都難做到，其它就不必提了。至於「立身行道，揚名於後世，以顯父母，孝之終也。」以此做為準衡，在芸芸眾生中，更是鳳毛麟角的了！難怪西諺有云：「為人子女的不知父母

生辰者比比皆是，但他們卻不會忘記繼承雙親的遺產。」人性如此，孝道戛戛乎難矣！總而言之，父子親情雖然發自天性，但要子女善盡孝道，需靠後天的教化。例如在凡夫俗子心目中，掙錢奉養父母就是盡孝，殊不知「大孝尊親，其次弗辱，其下能養。」所謂慈烏反哺，羔羊跪乳。至於犬馬，皆能有養，又何貴乎人類？而父母愛護子女，無論貧富貴賤，智愚賢不肖，皆很容易做到。例如隨氣候變化，母親隨時為幼兒增減衣著，用不著別人多管閑事。又如父母為培養子女讀書成器，甘願茹苦含辛，拚命掙錢，寧可省吃儉用，為子女張羅學雜費等。父母疼愛子女出自天性，你想不愛他都不成。因此，在中國以儒家為主流的傳統文化中，有《孝經》而無「慈經」。

十五、

緊接著我要闡明的是孝的第二個特性 ── 永恆性。我想引述《論語》學而篇中有子底話：「孝弟也者，其為仁之本與？」所謂親親而仁民，所以行仁以孝弟為始；仁乃儒家思想的中

心，亦為全德之名，孔子常以之統攝諸德，宰予認為喪期三年太久，孔子斥為不仁，足見仁可包括孝。仁與孝係體用的關係，也可解釋為知行的關係。為什麼說孝具有永恆性呢？我為了有助於聽眾的了解，特別在黑板上畫了一個簡表，用來說明人的一生都要盡孝道。上面說過以物質回饋父母，所謂口腹之養既然不是盡孝的最佳獻禮，那麼，怎樣才能善盡孝道呢？孔子的答覆是：「生，事之以禮；死，葬之以禮，祭之以禮。」《論語・為政篇》談到「孝」，那顆心，最重要。孔子說：「父母之年，不可不知也，一則以喜，一則以懼。」人的生、老、病、死是自然規律。你我都被一隻看不見的手慢慢推動著步入墳墓，我們的生命像一把鈔票，花掉一張就少一張。父母年高長壽，自然可喜；然而年高不免體衰，去日苦多，想到人總有大去之日，怎能不憂懼呢？因此平素就要關注父母的健康，除了奉養外，更要做到孟子所說的「悅親」，使父母精神快樂，常保健康。所謂「色難」，即和顏悅色持之以恆，是很不容易做得到的。做子女的要常「取悅」父母才是。

　　父母在時固要奉養、服勞，尤其要尊敬，

這最重要。父母逝世了，是不是就可以不孝的呢？絕對不是，仍須盡孝，例如「死，葬之以禮，祭之以禮。」前者是要盡其所能辦妥後事，致哀戚之忱、行禮葬之儀；後者每逢祭辰，都有禮拜，以盡孝思，父母音容宛在，永銘生前庭訓。

　　講到這節骨眼兒時，我拿粉筆在黑板上寫了兩個篆字 ── 祭祖。祭是右手持肉，在代表祖先的神主牌位前膜拜；祖字其左之示一如祭字，同樣意思；其右的且字，一說係「男陰」。說到這兒，聽眾都睜大了眼睛，似乎充滿了好奇。

　　相對來說，「慈」既無普遍性更無永恆性。因為人並非都有子女，比如和尚、尼姑、神父、修女以及單身貴族，或終身無所出者，他們既然沒有子女，當然也沒有慈的對象。所以慈只跟部分人們（或大多數人）有關，不像孝跟每一個人都有關聯。再說慈祇及於子女的現身，一旦子女夭折或因故先於父母去世，慈則到此為止，毋須另立牌位，祭之以禮。因而父慈子孝雖云相對，卻難等量齊觀。

　　孔門孝經的倫理思想，頗富人生哲理，堪稱濟世良方。在這兩岸致力於經濟建設之際，千萬不要忽略了精神建設。中山先生名言：「夫

國者人之積，人者心之器，國事者一人群心理之現象……」。現今台灣創造了經濟奇蹟，然而社會風氣卻不成正比，且有每下愈況之勢。有人主張乞靈於宗教以淨化人心。我認為不可能讓每個人都信宗教，而提倡孝行與人人切身攸關，似乎更容易普遍去力行實踐。

十六、

這次北大再度演講，我一鼓作氣地連講一個半小時，本來還可以多所發揮己見，可惜限於時間，祇好宣告結束。因為北師大已預約於當晚六點半鐘給歷史研究所研究生作專題演講。從北大燕北園前往位居新街口外大街的北師大，相距較為遙遠，在交通尖鋒時段，車行少說要半小時。徐中煜同學在我聚精會神演講時，抓緊時間拍了幾張照片。還替我叫了出租車等候，待客熱誠，盛情可感！當我行將離去，向同學們說再見時，台下兩度掀起了熱烈的掌聲！雖然是短暫的相聚，但這次知性之旅，卻留下永恆的記憶。

輾轉步入北師大校園，已是六點來鐘，走

進一家小型食堂，叫了速食品煎餅果子（油條）和包子，塞進肚皮，充饑而已。在歷史系副主任李少兵博士陪同下，走入教室與二十多位研究生相晤。因彼此學的都是教育和歷史，同行交流，備覺親切。傅斯年先生說過：要想把台大辦好，首先得把師範學院（台灣師大前身）辦好。因為台大學生十之八九都是師院畢業生教出來的（指高中階段）。」台師大與北師大俱屬兩岸師範教育體系中的最高學府，兩校的歷史系師資優異，人材輩出。今晚與研究生們首先介紹孫中山先生的求學歷程，以及他強調恢復固有道德，首重孝道。大體上跟在北大兩次專題演講的內容大同小異，毋庸贅述。不過同學們紛紛提出了許多理論與實際問題，我皆一一答覆。嗣繼針對治學與教育理念提供一己之見。我說從事學術研究是一輩子的事，絕不能投機取巧、急功好利。正因為治學的歷程漫長而艱辛，所謂「生亦有涯，而知無涯。」無異等於拿生命去賭博，結果往往是九輸一贏。莘莘學子、袞袞諸公，窮年皓首，以求一經者，多至不可勝數，然而真正學有專精，能在學術界確實出人頭地的，殊不多覯。

十七、

當此兩岸皆以科技掛帥、經貿當家、黨政做主的今天，研究學問也趨向實用主義，而淪為商業化、世俗化了。而與精神文明、人文素養息息相關的文、史、哲、藝等，卻成為靠邊站的冷門學問，這種重理工、輕人文的教育偏枯現象，對於社會、國家、民族的長久發展，是十分不利的。有人認為：人類在人文學門方面有所貢獻，可能會影響後世至少五百年之久；而在社會科學方面有所創建，可能會影響後世五十年左右；若在自然科學方面有所發明，可能會影響後世不過五年而已。當我舉此為例，許多人展開了笑容。

我最後說：教育是最廉價的國防、最有意義的投資。教師不但要給學生什麼，更要把學生的潛力發掘出來。誠然，從事教育工作既然清高，也是清苦。清高與清苦本來是一對雙胞胎兄弟，你要想清高，就得熬得住清苦。

今天一共趕了三場學術演講，上午在社科院近史所，下午在北大，晚上在北師大。前後

大約共講了六小時。尤其面對許多北師大研究生，一時意興大發，連續講了兩點半小時，當時精神很好，並不覺得太累。快結束時，陳建新世侄及其好友四人乘車來接，他們居然成為不速之客，參加了聽講的行列，李少兵博士送我上車，並贈刻有北師大徽章的鋼製紀念品兩份。回到住所，格外感到疲累不堪。

十八、

四月七日（星期三），晴。一覺醒後，疲憊盡消。上午翁羽君駕車，建新陪同參觀雍和宮，宮殿式建築壯麗宏偉，氣象萬千。各式各類藏傳佛教文物藝術等，極為精美壯觀，而正房中央矗立數丈高大的觀音菩薩金色雕像，莊嚴肅穆，栩栩如生。傳係清代運自西藏，以當時之交通條件，高山峻嶺，路途遙遠。如何將此巨像運至京城，實在難以想像。依序暢遊各景物，美不勝收，留連忘返。最後三人以虔誠而好奇心情，參觀佛陀舍利子，一似機場安檢，首須迭經關卡檢查始克進入參觀，原來祇能在螢光幕上模糊看見舍利子，真品以神龕精置於

內，供奉神壇，高高在上，根本看不見。而枉費門票共四十五元，幾近上當。

　　下午一點半駛往海淀區中國人民大學，在大門口見一青年乘單車，持紙牌曰：「歡迎莊政教授」。因事約定此時此地彼此相晤。交換名片，始知他是清史研究所副教授黃興濤博士。他介紹說今天聽講的全是博士生約二十餘人。這是我此次來北京作學術演講級別最高的一班。坦白地說給著名的人大博士班上課，多少有些壓力，可是當步入教室看到這群準博士們，經驗告訴我他（她）們樸實而用功。很多是外地負笈而來，有的甚至帶有農村的鄉土氣氛。既是清史所，我想向其介述孫中山先生創導革命與秘密結社的關係為題，比較適合。這主要是根據史料及自己的研究心得。而不牽涉頗富爭議、難以銓釋的意識型態問題。我先介紹中山縣自清初以還就是洪門發展的樞紐，這與地理位置關係很大。早期的革命黨人十之八九隸屬洪門。例如「四大寇」至少三名為洪門。在檀香山、香港成立的興中會成員多係洪門。廣州首義及惠州之役都是洪門發動和參戰的。宜乎羅香林說：「沒有洪門，就沒有興中會。」

實因洪門為老革命黨，自明鄭創始天地會，以迄洪楊起義，中山先生領導革命，革命的內涵雖與時俱進，但在精神上卻一脈相承，其來有自。清季革命的兩大憑藉：一為國內會黨起義，一為海外華僑捐款。十次革命起義，前八次皆以會黨為主力。中山先生稱譽「華僑為革命之母」。倘無華僑捐款支持，革命斷難成功。當時的華僑大多加入洪門。

十九、

為使聽者感到興趣，我還穿插了兩個饒富趣意的故事：其實洪門係秘密結社不立文字，考其起源，其事甚難。根據蕭一山說，起自鄭成功與陳永華，就是創始於台灣。可見從明鄭反清（民族主義）、洪楊起義（民族主義、社會改革），直到中山先生的國民革命（三民主義），堪稱近代中國革命，有如堅冰履霜，其來有自。直到現今，台南每逢陰曆三月十九日大拜拜，俗稱「太陽節」（私忖日據時代以旭日旗取名，旨在避免日人猜忌干涉也）。即是為追念明思宗崇禎皇帝是日自縊煤山殉國而設。

其二「四大寇」中年最長者為尢列。當乾隆皇帝下江南，巡過江蘇無錫時，嘗將尢字誤書，加多一點。其時尢氏族人當即稟告謂尢字本無點，帝乃將錯就錯答云：「由朕御賜一點。」因此故錫山尢氏宗祠，尢字髹點也，而右角之一點則髹紅色，即其族人寫尢字時，亦每用硃筆畫右角之一點，以示尊崇御賜之意。後人多用有點，尢列決心革命，與滿清為敵，自不稀罕御賜，乃去其一點，恢復尢字本來面目，實在大有意義。可是每當我撰寫革命史實，提到「尢列」名字投稿時，編輯輒在尢字右上加一點。是謂畫蛇添足，多此一舉。講到這裡，同學們都笑了！

在北京逗留兩週，除了開研討會，就是先後五所院校做了七次學術性的專題演講。最後一場是首都師範大學歷史系教授劉振嵐女士主動安排的。題目與首次在北大演講內容相似，以介紹孫中山的大學生涯為主。那是四月八日（星期四）下午，一連講了一個半小時。斟致酬勞，婉謝不獲，只好充作車資，這是我首次獲得舌耕的報酬呀！

在京津兩市待了將近一個月，上至大學校

長，下至販夫走卒，深入社會各階層，均可共話，深知民眾對孫中山先生咸表尊崇，問題在於他們對孫先生認知程度。我曾考問研究生們所謂清季「四大寇」為哪幾位人。無人答得完全；甚至中山先生第一個革命同志是誰？竟然也沒人答得出來。

二十、

中共多年來除發展經濟外，同時提倡精神文明建設，所謂「兩手抓」，不放鬆，一反過去「批孔揚秦」作風，注重闡揚傳統倫理道德，而做到「德之本，教化所由生也」的孝道，卻未被教育當局所正式提出標榜，而納入教育體系之中，從小學、中學到大學的教學中，均未提到「孝」字。今我殊感困惑，無從理解。也許崇奉馬列主義的共產黨的教條裡，跟英文的字典裡一樣，根本沒有孝字吧！

若談兩岸中國統一，必須有一中華民族共同崇奉的歷史人物做為精神標竿，唯其如此，始能有所交集，拉近差距，求同存異。細數近代偉人哲士則捨孫中山先生莫屬。大陸自改革

開放二十年來，研究「孫學」積極，已經成為「顯學」。然而官方始終定稱中山先生為「資產階級民主革命的先行者」。這是按照馬克思社會演進五個階段：原始共產社會、奴隸社會、封建社會、資本主義社會及新共產社會。有人故意將中山先生置諸第四社會階段的框框裡，使他動彈不得，無從發展。殊不知中山先生創導的國民（全民）革命，與西方政黨但為某種階段利益而設大不相同。所謂名不正則言不順，言不順則事不成。此一問題倘不獲解決，兩岸孫學學者很難取得共識，不免有礙於彼此的交流。

　　大陸最高當局雖將中山先生榮列現代中國三大偉人之首（餘為毛、鄧）。然而毛像久已高懸於北京天安門上，每逢每年五一、十一，始將孫中山先生矗掛於毛之對面。足證在中共底心目中毛仍為首，似乎無人可以取代。他們果真尊崇中山先生，為什麼不把他的肖像與毛並列，永遠高懸於天安門上呢？倘若如此，無論兩岸三地乃至世界各地華人，將是一大鼓舞，還可能有助於祖國及早統一的呢！中共既然想捧孫中山，又怕他「喧賓奪主」取而代之；由於實行三民主義創造了台灣的經濟奇蹟，足

以顯示其優越性；然而中共是決不會放棄馬列
主義的，他們縱然允許經濟向右，但是他們依
舊堅持政治向左，儘管思想混淆、矛盾難解，
但為保障其政權永續不墜，他們也祇好別無選
擇地硬幹到底。

　　（案本文所紀錄開會發言，在各處演講引
用名言等內容，事後整理，略加補強，修飾文
詞，但原意並無改變。）

參考書目及期刊

王天獎：〈十九世紀下半紀中國的秘密社會〉、
　　　　北京：《歷史研究》。一九六三年。
平山周：《中國秘密社會史》。上海：商務印
　　　　書館。民國元年。
古研氏：〈中國秘密會黨紀〉。上海：《東方雜
　　　　誌》八卷一〇號。民國元年四月一日。
朱　琳：《洪門幫會志》。台北：《學人月刊》
　　　　雜誌社影印。民國六十年。
吳相湘：《孫逸仙先生傳》。台北：遠東圖書
　　　　公司。民國七十一年十一月。

李華棠：《洪門會與中國革命之關係》。台北：
　　　　中國國民黨黨史會（〇〇〇‧七九）。

尚明軒：《孫中山傳》。北京：北京出版社。
　　　　一九八一年九月。

冼　江：《尤列事略》。香港：中國文化學院。
　　　　民國四十年九月。

崔載陽：《國父思想之哲學體系》。台北：正
　　　　中書局。民國五十七年四月。

張玉法：《清季革命團體》。台北：中央研究
　　　　院近史所。民國六十四年。

陳大齊：《與青年朋友們談孔子思想》。台北：
　　　　孔孟學會。民國六十五年。

陳少白：《興中會革命史要》。台北：中央文
　　　　物供應社。民國四十五年六月。

傅啟學：《國父孫中山先生傳》。台北：中央
　　　　文物供應社。民國五十四年十二月。

蔣廷黻：《中國近代史論集》。台灣大西洋圖
　　　　書公司。民國五十九年四月。

蕭一山：《清代通史》。台北：商務印書館。
　　　　民國五十二年四月。

羅香林：《國父之大學時代》。台北：商務印
　　　　書館。民國六十年。

莊　政：《國父革命與洪門會黨》。台北：正中書局。民國七十年三月。

《國父生平與志業》。台北：中央日報社。民國七十一年五月。

《孫中山家屬與民國關係》。台北：正中書局。民國七十八年八月。

《孫中山的大學生涯》。台北：中央日報社。民國八十四年十一月。

〈國父名號考源與行誼的印證〉。台北：《中華學報》五卷一期。民國六十七年一月。

〈國父早期革命與晚近歷史淵源〉。台北：《東方雜誌》十七卷七期。民國七十年三月。

〈孔門孝經的倫理思想闡述〉。台北：《東方雜誌》十卷七期。民國六十六年一月。

〈吾欲孝，斯孝至矣：中國人為什麼強調孝道〉。台北：《中央月刊》十三卷六期。民國七十年四月。

《國父紀念館館刊》第 4 期

民國八十八年十一月十二日

北大講學見聞散記

　　北京大學，擁有許多優越的條件，係我國高等教育精華的指標，是大陸各地成萬上億年輕學子的夢。三年前，北大孫中山思想國際研究中心成立，對於兩岸三地從事「孫學」（Sunology）研究者來說，具有莫大的啟發和鼓舞作用。筆者曾數度應邀前往北大做學術專題演講，闡述孫學，有史有論，夾敘夾議，倖獲肯定。乃於二〇〇〇年四月受聘為「北京大學孫中山思想國際研究中心客座研究員」；同年十一月十二日也接到了「中國人民大學歷史學系兼職教授」的聘書，當然事先也曾多次應邀專題演講。並於二〇〇一年九月起為北大研究生講授「孫中山思想研究」課程，其間也有各系大本生（大學部學生）多人旁聽，叩詢何以故？他們答說對孫中山先生素表欽佩！對於一代偉人的思想行誼，樂於學習，願聞其詳。

有位同學直言他要做「孫中山第二」，小將豪氣干雲令人且驚且喜。

對柯林頓　也不例外

　　值此知識經濟時代，大陸提倡「科教興國」，「尊師重教」，「臭老九」已成為歷史名詞，「體腦倒掛」的反常病象不復存在。歷史教訓了當道：脫貧致富、建設國家，必須培植大量優秀的人才，而重點大學正是培訓人才的中心基地。近年來挑選了全國十所重點大學，如北大、清華、復旦、南大等名校，除原有固定預算照編給予外，三年內另撥人民幣共十八億元之多，第一年三億元，第二年六億元，第三年九億元。筆者於兩三年前應邀前往北大專題演講時，教室設備簡陋，桌椅陳舊，衛生條件很差；可是去年秋季講學時，教室設備煥然一新，特別裝置了四面上下活動式的黑板，可容納大量的板書，對視覺教學頗有助益；全部桌椅都換成新式的，巨型而嶄新的講台鑲有「北大」的校徽，兩個大型的篆體字係魯迅（周樹人）的手筆。

　　說到這裡，倒有一個饒富趣意、耐人尋味的故事：

　　一九九八年六月，美國總統柯林頓等一行訪華，參訪北大，並對師生演說，列為重要行程之一。美方要攜帶鑲有「美國總統」徽章專用的講台，移至北大禮堂使用，然而北大領導堅不同意，鄭重申明無論任何人要到北大演說，堅持非用鑲有「北大」校徽的講台不可，否則，願來與否，悉聽尊便；結果呢？這位世界超強的大國元首也祇好俯首「客隨主便」，不再堅持了！

　　北大傳承「五四」精神，校風自由、開放，學生自主性強，慣與「個性解放」牢牢掛鉤，那裡永遠以「我」為單位。不過，在八十年代是警鐘森立的年代，北大的核心口號：「振興中華」（案為孫中山先生於一八九四年十一月廿四日在檀香山成立興中會時，即提出「振興中華」），那是一個屬於理想範疇、具有感召力的口號，袒露著積極的浪漫情懷。也許是意識形態與社會制度的感染，北大師生們的國家觀念和民族意識卻普遍強烈。

　　可是，橋歸橋，路歸路，要想成為「北大

人」，不管是高考（等於台灣過去的大學聯考）或是考研究所，英文必須達到一定的水平，例如碩士生的英文不得低於五十一分，如能考到七十分以上，則入學後可以免修英文。大陸上眾多名校的高中畢業生或大學畢業生縱然一般課程（政治、語文）及其專業課程再好，如果英文達不到一定水平，祇好與北大絕緣了！即使做了「北大人」，大家還拚命地啃英文，來日大本生考研，研究生出國留學，英文的讀、寫、聽、講的能力，乃必需條件。到目前為止，大陸留美學生已達三十八萬人，居亞洲留學生第一，而學成回國的祇佔其四分之一而已。北大人似乎多少存有「反美」的情結，可是大家卻又拚英文，考托福，輒以留美為榮；有人說北大人留學美國，就等於拿到了「半個教授」，而兩相對照，說來的確是很矛盾的事。

教師待遇　巨幅調高

　　北大集全國菁英，藏龍臥虎，人材輩出，不勝枚舉。一流的學生當然需要一流的師資與設備。北大傳統向以人文及社會科學等科著

稱，三年前又將原屬北大醫學院的北京醫科大
學合併，蔚成完整的大學，俾向世界一流大學
進軍。北大教授固多碩學鴻儒、造詣深厚的學
術界名流，然而基於歷史原因，現今五、六十
歲的教授雖具實學，卻很少擁有高級學位（大
陸各重點大學頒授學位乃近十幾廿年的事）；
尤其在文革期間，十年浩劫，學校名存實亡，
教師不分級別，成年累月地大搞政治活動，「臭
老九」多被鬥垮鬥臭，苟活倖存已屬不易，自
然更難賡續從事學術研發。雖說如此，北大畢
竟是北大，做為一名北大教師，本身就是一種
令人欽羨的榮譽，況且近年來又享受優渥的待
遇。教師的精神壓力自然也很大。因為學生素
質高，要求嚴，教師必需具備真才實學，且在
研發、教學及服務諸方面，表現傑出，始能獲
得肯定。否則是很難立足論道的。北大有個不
成文的慣例：學生聽講如不滿意，可以掉頭就
走；甚至有人離去時，故意將桌椅弄出聲音，
以示抗議。大家目睹此情，也見怪不怪。每當
學期終了，期末考試前後，學生對教師教學的
滿意度有評鑑表列舉項目，逐條勾畫，如果達
不到一定的水平，很難再接獲聘書，祇好知難

而退，勢必另謀出路的了。

　　「不入虎穴，焉得虎子」，深入偌大的北大校園，廣泛與師生們接觸交往，始知許多內情秘辛。我所認識的北大文學院各系的教師中，許多出身於貧困的工農之家，他們原本屬於基層社會經濟弱勢的一群，不少出生在國民政府統治的時代。當時除了極少數的例外，青年學子若想躋入大學之門，幾乎成為中上家庭子弟的「專利」，工農低層社會殆與高校無緣。中共建政後，貧民「翻身」，他們沒有雄厚的財力及家學淵源可恃，沒有什麼師承相傳可繼，但憑個人的發憤苦讀，力爭上游，英雄不怕出身低，數十寒暑，幾經奮鬥，居然能從一個窮鄉僻壤的農家子或小苦工而搖身一變，成為全國頂尖大學的教授，其所以能如此，固與個人的條件有關，但也是客觀環境使然，那就是中共政策性的拔擢工農及其子弟。誠然，古今中外清寒之士苦讀有成的範例不勝枚舉。問題在於，國家政策性的輔導與提拔，相較個人單打獨鬥則大不相同。像上述的北大教授能不向著中國共產黨嗎？

　　近年來北大教師待遇巨幅調高，除了固定

的工資增加外，調幅最大的是「崗位津貼」（等於台灣大專院校教師的研究費），按照教師三等九級制分配人民幣數額如下：

教　授：一級五千元　二級四千元
　　　　　三級三千元
副教授：四級二千五百元　五級二千元
　　　　　六級一千五百元
講　師：七級一千元　八級七百元
　　　　　九級三百元

這一「大手筆」的重大改善待遇，對於教師自是一大鼓勵。惟其僅限於在職教師始能享有，退休後則無，祇能領到工資而已。北大教授限齡六十三歲退休。靠近退休邊緣的教授領享崗位津貼的自然不久；而耗盡畢生心血，以腦養胃的年邁退休教授卻於此無緣，他們很不平衡，積怨難伸。據聞過去當教委會主委李鐵映前往某大學訪視時，有兩位白髮蒼蒼的退休教授站在校門口當眾向他下跪，一語不發，隨即悻悻然離去！

大一新生　批毛澤東

做為成千上萬的北大師生精神糧庫的巨型

圖書館，高樓巨廈，雄偉壯觀，設備完善，藏
書甚豐，多達六百萬餘冊，堪稱亞洲之最。每
天不分晝夜，來去讀者川流不息，在偌大的閱
覽室裡，莘莘學子們皆在埋首苦讀，勤懇求知，
一片靜謐，在這群全國最優秀的大學生身上，
似乎看到中華民族的遠景和希望。民國八年「五
四」運動，正是全國知識分子熱血沸騰的時際，
毛澤東當了北大圖書館的助理員，每月工資祇
有大洋八塊，時北大教授月薪參佰多圓。他在
李大釗的指引下，研習馬克思主義，從而決定
了一生。相傳毛曾報考北大，文筆甚佳，無奈
英文、數學掛零，結果榜上無名，一似洪秀全
闈場失意，捨棄正途，祇好「造反」。在當年
封建意味未除的舊社會氛圍裡，階級觀念仍
重。當時毛澤東要想跟教授們打交道，往往吃
閉門羹，冷漠以對，不屑一顧。取欲而不獲，
即棄如敝屣，這是不是種下了毛澤東得天下
後，一味打擊知識分子呢？值得研究。據說毛
在北京掌權後，從來沒去過北大；毛嚴厲抨擊
北大「廟小神靈大，池淺王八多」。足見對多
事的北大不勝「感冒」之至。

　　在大陸各地共有一千四百多所大學中，北

大一直執牛耳。凡是考進北大的學生，家人及
師友莫不嘖嘖稱羨而引以為榮；至於偏遠地區
窮鄉僻壤的子弟昂然能做「北大人」，更是一
件光宗耀祖、聞名鄉里的大喜事，地方領導、
鄉賢耆老等等往往會慷慨捐資，義助升學。大
陸每年舉行高考，考生成績最高的省份，要算
福建、山東、安徽、河南及兩湖等。頂尖大學
最多的首都北京考生成績反而輒吊車尾。因為
北京青年泰半會玩，讀書拚不過上述各省，儘
管如此，去年北大法學院錄取新生一百五十
名，北京因地緣故竟佔卅名。去年秋冬我在北
大歷史系研究生班授課「孫中山思想研究」，
一位法學院新生自動前來旁聽，坐在第一排正
前中，面對講台，專心聽課，非常用功，而且
不時發問，每每提出若干很尖銳、也很有深度
的問題，我不但不以為忤，反而對他那種認真
好學、鍥而不捨的精神，深表讚賞；有次他突
然嚴厲抨擊毛澤東的種種不是，我為之一怔！
俯視台下，有幾位研究生的表情很不自然，我
想他們很可能是中共黨員。

吃得便宜　住得差勁

　　北大教職工一萬七千二百零三人、學生三萬六千九百八十二人，成員共有五萬四千一百八十五人之多，校園裡吃喝拉撒睡等，在在都是問題，都需管理。學生餐廳有二三十個之多，南北口味的各式各樣的菜餚及麵飯等食品一應俱全，而且物美價廉，蒸炒燉煮的雞鴨魚肉等葷菜每份二至四元不等；一份青菜五角左右，一盤肉絲蛋炒飯一元五角；大米乾飯五角一大碗，饅頭四角一個……。平均來說，學生一日三餐十元可以支應，當然要想吃好點得另加碼了。

　　在一個偶然的機緣中，我看到一位面目清秀、身材高瘦穿著解放軍上裝的北大新生，在教室外走道旁朗讀英文，發音很準。我好奇地問他為什麼穿著這樣別緻的服裝，他坦誠地說：「我的老家在山東山窩裡的鄉村，家裡貧窮，所以……。」他從小提前入學，去年十六歲就考取了北大環境工程學系。我問他一天的飯錢需用若干，他說省一點五六塊錢也就湊合了。於是使我馬上聯想到：聽說北大等校有些

外地家境貧苦的學生經常不敢進餐廳，吃飯時隨便買兩個饅頭，自個兒躲在無人的角落啃食充飢，每念及此，設身處地，將心比心，陣陣淒涼，猛襲心頭！於是，我跟這位最年輕的北大人名叫李泰的說：「同學！你的故事很令我感佩！你可要好好用功，預祝你學業進步，期末考試名列前茅，希望你能拿出一張亮麗的成績單，一定要寄給我呀！」我曾將舌耕所穫在北大銀行開了個戶頭。

北大現有學生將近三萬七千多人，校園雖大，學生宿舍卻非常擁塞，狹窄而顯得零亂。大本生每六人一個約五坪大的房間，三張上下的雙人床舖，每人一套小書桌椅，桌上擺著電腦和書籍，委曲容忍，侷促一隅，不少男生宿舍棉被不疊，衣服鞋襪亂丟，司空見慣，不足為奇，房舍裡總是有股難以形容的異味兒。嚴冬季節裝有暖氣也就罷了；可是炎夏酷熱當令，因無空調設備，致燠熱難耐無法入睡。研究生住宿條件較佳，碩士生每四個人共一室，比較寬敞；博士生兩人一間，自然好得多了。研究生宿舍免費供應，惟有部分新生一時配不到宿舍，由各院系籌款酌發住宿津貼，研究生

自行租房解決。歷史系一向很窮，祇能津貼每一研究生每月租房費人民幣二百元。至於由台灣企業家尹衍樑慨捐巨資興建的北大光華管理學院，由於與當局建教合作，財源充裕，發給研究生的房屋津貼要比歷史系高得多，無以名之，「一校兩制」。該院建築宏偉壯麗，設備完善，師資優異，學生素質特高，去年全國高考各地「狀元」共七十餘名，該院竟然擁有十七人之多，馳名的北大法學院也不過祇佔四名而已！

　　北大一般的研究生全係公費，不但免繳學雜費，而且發給生活補助費，博士生月給三百餘元（等於一個月的伙食費）、碩士生則為二百餘元；台灣在北大的研究生約在一百人以上，學校特別優待台籍研究生，除有專用的宿舍外，另發生活補助費，博士生每人每月七百五十元，碩士生六百五十元。雖到目前為止，台灣當局尚不承認大陸高校的學歷，但前往大陸名校求學的台灣青年學子愈來愈多，他們深知：像北大、清華等名牌大學世界各國都承認，台灣早晚也會承認的，到那時恐怕前往大陸「取經」的青年更會掀起陣陣的熱潮，這是任誰也抵擋不住的呀！

計畫經濟　速成博士

　　北大博士生無論任何院系一律修業三年，在此期間既要上必修選修課程二十二個學分，每學期除聽課外，都要撰寫好幾篇上課所學和讀書心得報告，而且於高年級更要蒐集資料，撰寫一篇很有學術價值、具有創見的博士論文，學習生活非常緊張，可想而知。尤其是對學人文（文、史、哲等）的博士生來說，限在短短的三年之中，就得學有所成，的確不是一件容易的事。例如在台灣的高等學府（尤其是國立的著名大學），攻讀人文或社會科學的博士生，一讀就是五、六年，甚至七、八年，那是常事。為什麼大陸高校博士生非得在三年內修完課程，同時提出博士論文不可呢？這要歸咎於其深受「計畫經濟」管制的影響所致。因公家祇給博士生三年的經費，如果超過此年限還無法提出論文答辯（台灣叫論文口試），而必須申請延期畢業的話，以後食宿等問題則需自行解決，這對經濟條件薄弱的文科研究生來說，自然困難重重。因此之故，博士生每每迫

於無奈，祇好抓緊時間，拚命苦讀，無論如何，先把論文趕寫出來再說，在此狀況下，很難做到「慢工出細活兒」，「大器晚成」的了；若干「博士論文」的質量也就很難說了！

　　大陸教育部規定各大學的博、碩士生導師條件甚嚴，必須經過國務院學委會的嚴格審議核可始行。凡大學教授具有博士生導師（簡稱「博導」）的資格則身價百倍。實則基於種種的歷史因素，現今大陸文法科的年高資深的教授擁有高級學位的非常少，絕大多數皆因教學相長、長年苦讀、勵學累積而成為真才實學之士的，他們雖無博、碩士名銜，而竟然譽為博、碩士之師，不僅證明其具有一定的學術地位，似也可以滿足某種程度的榮譽感。不過，問題出在按照法規凡博、碩士生導師每年必須指導研究生，否則在兩年內如無研究生可指導，就要取消導師資格，恢復「陽春教授」。於是很多博、碩士生導師但為保持既然來之不易的榮銜，乃在研究生考題的難度上酌情寬鬆；甚或難免也有刻意招攬研究生以為己用的現象。

　　中共部會首長級高幹大多北大參訪、演講，可近年來，的確是種幾近冒險的行為。因

為北大傳統學生似乎與「五四」的「個性解放」牢牢掛鉤，自我的本位主義很濃，他們忠於學術，不屑於政治（尤對政客反感）。北大學生住宿環境很差，他們對此頗有意見，日久積怨已深。每當高官顯要乘坐昂貴的世界名牌轎車，前擁後呼，昂然駕臨，學生們看在眼中、恨在心裡，已經不是滋味；不管你再大的官兒，如果當眾所說的都是官話連篇，教條八股，言之無物，不夠水平，令人生厭；這時那群台下的大學生眾小將們就毫不留情地不斷鼓掌 ——「叫倒好」。不僅如此，學生們還故意用腳轉猛踹就地，以示無言抗議，非得把你哄下台不可。很多達官貴人被弄得灰頭土臉，尷尬離去。連過去全國高校的頂頭上司、教委會主委（現已改為教育部長）李鐵映都吃過北大學生的排頭。祇有國務院副總理李嵐清前往北大參訪演講，未曾遭遇「特殊狀況」。蓋其溫文儒雅，學養俱佳，平易務實，形象良好。再刁難的小將也無法施其技了。

一流大本　四流客座

北大既係研究型的名牌大學，中外各國大

學生投考博、碩士生的人數非常多。在北大校園隨時隨地可以看見世界五大洲各種不同膚色的外籍留學生，其中以北大傳統優勢的人文學科（包括文、史、哲學等）為多。學校設有專為接待外國籍學生的宿舍與餐廳，後者物美價廉，幾乎與一般學生餐廳沒有什麼不同。北大西門的胡同裡有幾家民營的酒吧和卡拉 OK 等娛樂休閒場所。每當夜幕低垂，到處霓虹燈閃爍四射，是否會藏汙納垢那就很難說了。這或許就是北大人一向自由開放慣了的副產品吧！

　　在一般人的直覺中，北大學生既然都是全國十幾億人口中沙裡淘金選拔出的社會菁英分子，大本生如此，要想考研究所，豈不更是難上加難了嗎？這種想法不是沒有理由，但卻不盡然。本文前已論及，北大招考研究生英文試題甚難，每年數以萬計的考生幾乎都栽在這裡，無形中也埋沒了大量的可造之材。但這並不代表北大的研究生跟大本生同樣地等高水準，俱屬全國高校的尖子。我在去年九月應邀前往北大講學，為歷史系新開設的博、碩士生十一人（博士生七人）、訪問學者大連教育學院政史系主任一人；中間我曾應歷史系徐勇教

授邀請，為他所授「中國近現代史」的大本生「客串」講了兩小時的「孫中山與黃埔軍校」，我來個有史有論，夾敘夾議，在嚴肅的主題中，不失為幽默風趣，每每博君一粲；詎料竟有五六位小將成了我的「知音」。等我每周三上午為歷史系研究生上課時，他們自動前來旁聽，當我講課之餘，問大家有什麼問題時，研究生們卻很少提問，倒是這幫「不速之客」十八、九歲的「初生之犢」不斷「詰難」，所提的問題都很有深度，我在台灣各大學執教多年，這是從來沒有的現象。可是年紀在三、四十歲的北大博、碩士生沉穩有餘、活力似嫌不足，至少我接觸到的是如此這般。原來北大流行著一個口頭禪：「北大的大本生是一流的，碩士生是二流的，博士生是三流的。」容我再加上一句：「客座教授是四流的。」無他，聊以自我解嘲而已！

　　還有，凡是大陸大學畢業生投考各大學研究生必考「政治」，包括馬列主義、毛鄧思想及時事分析等，一律如此，硬性規定，絕無例外。中共勢力無處不伸，在大陸各大學凡是重大的舉措，校長說了未必算數，黨委書記點頭

才行。像北大這樣充滿了自由開明氣息的高校，尚且設有馬列學院，編制龐大、成員眾多，乃學校一級單位，為學生必修課程之一；它的鄰居中國人民大學政治意味尤濃，設有馬列主義及毛澤東思想研究所、中國共產黨黨史學系。聽說北大學生對「政治」課程並不感興趣，但卻得非修不可。故在課堂上諸生多看其它的書或做自己的事。不過，也有不少的研究生對我說：「這沒有什麼！因為不管你學什麼的，個人必先確立自己的人生觀、價值觀和世界觀，這是非常重要的關鍵，如此始有方向感，否則會迷惑的。」言談之間，展現了泱泱大國知識分子的胸襟與素抱。

反觀台灣因多年來實行三民主義而創造了傲世的經濟奇蹟。台灣原有公私立六個大學設有三民主義（中山學術）研究所，培植了很多研究「孫學」的人才，有的教書，有的從政……。無奈近年來有心人提倡多元化、本土化，藉修憲之名、行毀憲之實，馴至「孫學」廢考、廢教；各大學三民主義研究所的名稱改變，實質也被扭曲了。國民黨本諸民族大義，一向反對分裂主義，以免誤入東西列強「以華制華」的

伎倆；而予對岸武力解決台灣問題得逞。多年
來其高層再三分裂，競相以權謀私，罔顧民恤，
從而失掉政權。實應痛定思痛，領悟歷史教訓。
一個政黨不能沒有理想，更不能割斷和廣大民眾
的感情臍帶！禮失而求諸野，無形勝有形，國共
合則雙贏，敗則俱傷，歷史鐵則，發人深省！

《國父紀念館館刊》第 10 期，
民國九十一年十一月十二日

作者在北大教室講述孫中山生平

參訪大陸經建紀實

　　民國八十七年（一九九八年）五月上、中兩旬，由臺灣部分大學教授為主的「臺灣經濟訪問團」，前往大陸各大都市參觀、訪問、座談交流，前後共計十六天的行程：從東北、華北、東南及珠江一帶，走遍了半個中國的精華地區，包括瀋陽、撫順、秦皇島、山海關、北京、天津、南京、上海、蘇州、杭州、晉江、珠海、澳門等地區。行程安排得很緊湊，祇能說走馬看花。但對若干地方的經濟開發有成、風景秀麗如畫，以及特殊的地方風土人情等，卻留下了深刻的印象。願將這次隨行所見所聞及觀感，茲簡述如後。

半壁河山走馬觀花行了（五月四日　周一）

　　黎明即起，早餐後準備啟程。八時半翁羽

（翁同龢曾孫）主任駕轎車來接，與陳建新世
侄三人同車，從天津一路聊到北京。午餐後，
相偕至天安門廣場歷史紀念館參觀周恩來生活
影展。從其各遺物中不難窺知其生活很儉樸，
且能深入群眾，平易近人。詢一解放軍二等兵
待遇，月支三十五元（約等新臺幣一百四十元
正），包括副食津貼等不過百餘元耳。五點多
至西苑飯店，始知從臺灣經澳門抵此之訪問團
成員已提前於四時到達，現正外出晚餐。乃偕
翁、陳二君至麵店叫羊肉泡饃，佐以小菜，由
我付帳八十餘元。嗣回飯店小憩，二人猛吸香
煙。大陸青年相沿成習，類多如此。我鼓勵他
倆公暇儘可能多進修，並以自己苦讀經過之種
種，現身說法，望能產生些許啟發作用。

會晤李家泉辛旗等人（五月五日　周二）

用完西式早餐後，九點半至國務院國臺
辦，建築雄偉。主客稍事寒暄，即行座談。我
方成員年齡既然偏高，發言前似無準備，且又
冗長，宛若在教室講課一般，此乃吾輩臭老九
的職業通病。午間假釣魚臺賓館享受盡是名

菜、價約五百元的個人高級套餐，等於一名普通職工的一個月的工資，邊吃邊想，且感且愧；下午舉行兩岸經貿會議。對方知名學者李家泉、辛旗等多人皆發表高見。對比之下，我方相形見絀。洗耳恭聆之際，本來不想發言，然思「扳回一城」耳：我說達爾文、馬克思等皆受馬爾薩斯人口論的影響。實則後者學說並非金科玉律，蓋可人定勝天。如過度節育也有問題。當年法國不敢對德國長期抗戰，即因德有八千萬人，法祇有四千萬人，若單一個拚一個，最後法國人死光了，德國人還有四千萬。當知一個可以用的人，至少要培養十幾二十年。我們不要忘記人是社會上最寶貴的資產。應放大眼光，想到二三十年後的中國人口將有多少？再說「民生主義應該是民族主義、民權主義的民生主義」（胡漢民語）。也就是說經濟發展不能離開政治民主及人文素養。最後，我特別強調：一個沒有領導意識的社會是會亂的；一個忘掉歷史的民族是沒有前途的。晚，翁羽、建新又來了，論及當年六四學運及民運，老百姓都很支持學生。問題出在學運最初則反對貪汙腐化，廣獲社會各層同情；後來對執政黨既

要反對，又表擁護，致使目標模糊。當時假如有工人參加，那場風暴勢必難以即時收場。

重遊昆明湖頤和園（五月六日　周三）

上午至對外經貿部座談，我方數人嚕哩嚕索講個沒完沒了。國務院對臺辦王金鳳教授暗示於我：如此這般對我方形象影響很大，望能即時改進。我提議大陸工業產品必須與藝術結合，始能打開對外銷路。午餐後，在細雨迷濛中，乘船遊昆明湖，頤和園係舊地重遊，湖光山色，盡入眼簾。步行觀賞著名的長廊及瀏覽後花園建築物時，突見一管理廁所老人與青年嚴重口角，幾至動武。我好心向前規勸，詎料竟遭那青年斥退，言態兇狠，不可與言，旁人插嘴說這是小流氓惹不起的。傍晚時分，經過北京大學遊覽一遭，校園寬敞，花木扶疏，房舍古色古香，景致典雅，頗有特色，誠為青年學子進德修業之學府也。

夜仍宿西苑飯店，聞大陸近年來強調精神文明建設，大力掃黃，然而在大都會中有如秋風落葉，掃不勝掃，此乃社會問題，中外古今

皆然，況開放後，豈一紙命令即可奏效！

塘沽荒地建成高樓大廈（五月七日　周四）

　　清晨，乘遊覽車告別北京，直驅天津經濟開發區，新港保稅區等地參觀。原為塘沽鹽田荒地，現則高樓巨廈林立，建築雄偉壯觀。午餐菜餚特佳，氣氛輕鬆愉快。隨即參觀康師傅工廠，它是打著臺灣的招牌在大陸大發利市的。在由塘沽往天津途中，聽人講了一個文革時期的真人真事：某地一女嫌犯被抓關進監獄，法官每逢半夜將其提審，乘機迭予強姦，後來還是被判死刑，生恐其伸冤報復，悍然將其喉嚨割斷，卒以冤屈無告，含恨而終。又云：現大陸部分貪污腐化現象極為嚴重，誠如諺云「和尚打傘」—— 到了無法無天的地步。

　　晚宿天津利順德飯店，民初許多名人曾下塌於此。葉迪生副市長乃國家級電子專家，擅長古典詩，刊有專輯相贈。介紹天津經建甚久，嗣以精美套餐款待。天津臺辦副主任李慶生係天津同鄉與我鄰座，相談甚歡。我以試探口氣問其倘若介紹孫中山先生理念如何，他一口答

允，且可隨時妥予安排。

秦皇島市嚐特權滋味（五月八日　周五）

　　晨八點多，在天津新站乘軟座火車馳向秦皇島，與王文、王鼎臣等兄談及承辦人亂收費事，紛有怨言。十二時抵達秦皇島，參觀當地及山海關開發區，由李主任招待午餐，賓主暢談甚歡。嗣至一座宛如高級別墅的凱萊賓館，旋參觀開發區規模宏大的麵粉工廠，經營得法，眾皆翕然。車隊前往秦皇島市政府時，在警衛車開導下，一路暢行無阻，吾輩書生親嚐「特權」滋味，不免感愧交集。由市委王書記、劉副市長迎接，簡報秦皇島的各種優點，有利於開發經濟、對外貿易。我對大陸各地致力經建，重用年輕高級知識份子甚表讚揚。晚宴時與王書記鄰坐，他是河北滄州人，出生於民國卅二年（1943 年），當時家鄉飢荒，曾乞食維生，逃至小站。其父訓勉他務須勤懇求學，始能出人頭地，他以「老三屆」身分，苦讀有成，自北洋大學畢業。曾從學徒、工人、工程師幹到廠長，當過縣長及書記。王君給「吃得苦中

苦，方為人上人」，作了最佳榜樣。揮別後，經筆直公路，返賓館已近九點，至感疲憊，倒頭即睡。

登長城上山海關做好漢（五月九日　周六）

　　早餐後，即至「天下第一關」的山海關參觀，如果說萬里長城是一條巨大無比的臥龍，山海關正是所謂「龍頭」所在。它龍蟠虎踞，面對汪洋大海，一望無際，水天一色；城廓遼闊，城牆堅厚，固若金湯，遙想當年，先民精心擘畫，智慧之高、建築浩大工程之苦，甚表由衷之欽佩，不禁益發思古懷舊之幽情。所謂不登長城非好漢，不登山海關永留遺憾！吾等此番居高臨下，意氣奮發，既屬好漢，且無遺憾，真是不虛此行。午宴由王主任款待，菜餚豐盛，主人熱誠，邊吃邊談，雙方皆以唱歌助興，顯得特別親切溫馨！王主任等親送至山海關車站，殷殷話別，盛情可感！前往瀋陽的軟臥車廂裡，與馬肇選、楊爾琳教授多人，盡情暢談，笑聲不斷。偶與同一車廂一對瀋陽籍的年輕夫妻閒聊，據說當前下崗問題極為嚴重，

有人連二百元的生活費都領不到，老百姓更是敢怒而不敢言。而有權的人什麼都有，是以貪汙腐化的現象特別多。

　　晚八時許至瀋陽下火車後，提著行囊，步履維艱，兩腿痠痛沉重，對臺辦女處長及服務員親自蹲下來為我雙腿按摩良久，使我且感且愧！心想好像往北方走，天氣越冷，而人情味越濃，可感可感！晚餐時與一服務生、東北青年郭有力，據告就讀大學每年學費約需人民幣三千元；而私立大學則要兩萬多元，這不是一般家庭所能負擔得起的。心想社會主義的國度怎會有如此現象？

瀋陽會後參觀大帥府（五月十日　周日）

　　上午在瀋陽有關部門安排下，兩岸與會成員舉行「國有企業改進研討會」，主持人要我提前發言，我乃根據過去在臺銀經金月刊撰述的「臺灣公營事業之缺失及改進芻議」一文，摘要提出報告，兼顧理論與實際。認為董監事會與總經理以次各部門必須嚴加區隔，一如中山先生主張「權能區分」。否則球員兼裁判則

角色重疊而矛盾，績效必然不彰；並引西諺：權力容易使人腐化，極端的權力容易使人極端腐化，暗示政治決定一切，外行領導內行，實為人謀不臧，殊不可取。

　　午餐在瀋陽市一家專賣各式各樣的餃子店用餐，佐以數碟小菜，倒還清爽可口。嗣至觀光重點之一的張氏帥府參觀，當年的東北王張作霖竟然擁有六位妻妾，坐於寢室床上的張大帥及侍坐或站立兩旁的妻妾都是蠟像塑造而成，看當時的服飾，栩栩如生，形象逼真。聞其中一夫人毅然遁入空門矣！

　　大家在侯門深似海，建築極盡講究、豪華的張帥府留連觀賞良久，紛紛拍照紀念。四時五十分乘車至東北大學，以時間促迫，未進校園參觀，祇在校門拍照留念而已。

　　晚至某大飯店接受瀋陽市陳副市長設宴款待，年輕英俊的他對歷史很熟悉。他認為光緒皇帝沒有能力，我則認為他中英文及自然科學均佳，很想把國家弄好，不失為一位有為的好皇帝，祇因限於客觀環境無可奈何而已！他又表示以後倘無碩士學位者，則很難做到他現在的職位。我坦稱自己是過來人（攻讀碩、博士

前後逾十年），直覺所謂高的學位真正所學的，充其量也不過是治學方法及撰述專題論文而已。實與通才的行政首長職務沒有必然的關係。他聞後亦以為然。九時許外出參觀瀋陽市街道等景觀，行人道上盡是擺攤小販，大家一切向錢看，此乃現實社會的有力寫照。

中山先生是精神橋樑（五月十一日　周一）

早餐後，旋往撫順市參加座談會，由孫副市長主持，身體魁梧、篤實直爽的他係工程師出身。用完豐盛的午餐後，前往露天煤礦參觀，據聞此一偌大豐富的天然煤礦，可以開採到西元二〇三〇年，為此奇蹟般的景象殆為舉世所無，可見東北資源之豐富。嗣又參觀「煤精」塑製的各類產品及玉石等。下午四時，前往皇太極陵寢參觀，風景特佳，氣勢雄偉。同仁競相捕捉美景攝影留念。某女處長與我邊走邊談。論及兩岸現況，她坦稱中共亟力企圖孤立臺灣，在外交方面要儘量封鎖臺灣，使之逐漸沒有活動的空間，到那時臺灣反而可能來求大陸了。就算大陸畀予李登輝國家副主席職位，

但絕不可能讓他當國家主席，這是沒有問題的。她又中肯地說：「大陸希望臺灣富裕繁榮，不希望臺灣亂；然而絕對反對臺獨。」五時趕至陵寢大門，儘速拍照留念。六時至瀋陽市政府，接待室極為壯麗堂皇。某君暗示我：有人吹牛拍馬講大話，殊不知中共就吃這一套，在此唯其如此，始能生存發展，否則，任憑你再行祇有靠邊站的份兒。晚宴在瀋陽市蓋如垠副市長親切熱情的接待下，頗有賓至如歸之感。我方數位同仁高唱「中華民族頌」，蓋副市長也回敬一首，歌聲激昂，韻味十足。我與鄰座的蓋先生交談甚歡，我說兩岸致力於統一必先有座精神橋樑，細數現代中國偉人則非孫中山先生莫屬，他也深以為然。嗣與臺辦副主任馬世良交談，他說現在對國企是「抓大放小」，保存五百萬個優良企業，其餘則採淘汰下崗方式，是為優勝劣敗，自然淘汰。返商貿賓館後，遇到徐興家先生等，他們都希望我來東北講學或作專題演講，他們定會作適當的安排。

中山陵憑弔中山先生（五月十二日　周二）

五點多即起床，匆促登車，攜帶早點車上

用餐。至瀋陽機場直飛南京。窗外俯瞰錦繡河山，景色如畫。經山東半島農村皆築有兩層樓房，足見農民生活巨幅改善。至南京機場，枯候甚久，旅行社車始至，先往狀元樓酒店，繼至某飯館午餐。兩點多，馳往嚮往已久、一代偉人長眠聖地──中山陵，實現多年夢想，興奮中帶些蒼涼之感。大陸會視「孫學」（Sunology）為「顯學」，而臺灣憑其創造經濟奇蹟，現卻「廢教」、「廢考」，何異過河拆橋，數典忘祖？今天雖非假日，然仍遊客如織，可見尊崇中山先生的大陸同胞甚夥。本團成員攀登陡斜的階梯，曾前後三度向陵前行三鞠躬禮，遊客皆駐足注目以視。靈前牌樓碑前，書有顏體大字「中國國民黨葬總理孫先生於此」，渾厚之筆跡出自譚延闓之手。其背面一片空白，導遊人員說中山先生功高蓋世，無人能名，無字之碑，一切盡在不言中；試問大陸會有十大民主黨派，臺灣各政黨逾八十個，兩岸莘莘政黨首領，享有如此這般之尊榮與禮遇，能得幾人？及見中山先生白玉石所雕著而成的臥姿遺體，雕像面容消瘦，顯係藝術專家參照其病危時之遺照所雕。張恕博士（張弦教

授哲嗣）罔顧禁忌，為我拍照留念。下午四時許，參觀南京大屠殺紀念館甫入大門，兩旁置放無數死難同胞的骷髏及殘缺肢體，令人怵目驚心。牆壁刻有「三〇〇〇〇〇」數字代表被日軍殺害之三十萬同胞。圍牆浮雕多幅影像，皆被慘殺之無辜、孤兒寡婦痛苦哀號之慘狀，血淚斑斑，不忍卒睹，不知李登輝若睹此將作何感想？

　　黃昏時分，遊覽風光綺麗、景色宜人的玄武湖。據聞三國時孫權曾在此訓練水軍。江山依舊，英雄何在？晚餐後，偕同成員瀏覽秦淮河畔及夫子廟等夜景。李香君故居遺址，古色古香，雕樑畫棟，頗能勾人思古幽情。參觀洋人更有充滿了好奇心。在夫子廟選購水梨三只，僅花七元一角，不到卅元臺幣。

欣賞蘇州風采林園之美（五月十三日　周三）

　　清晨特往舊總統府（洪秀全天王府遺址）參觀，在中山先生親書的多項條幅下拍照留念。八時許即乘遊覽車，在細雨迷濛、薄霧煞煞中，駛往蘇州，告別南京了！

　　正午時分來到蘇州，見貫穿市區的運河乃往昔南北交通要道，今被陸空交通工具所取代，其功能大為減色了！

　　午餐量多質差，置身此著名的魚米之鄉，沒能享受到魚的鮮味，對於嗜食魚蝦的我來說，真是不無遺憾！二時許，參觀著名的「留園」，古色古香的林園之美，代表蘇州特色建築風格的長廊迴轉，會客廳則分前後，前堂由男方招待客人，後廳由接待女客專用，即使地上鋪磚皆大小有別，以示男尊女卑，舊社會之封建意識於此可見。園內花木扶疏，假山真水，相映成趣，在此幽雅靜謐之處，洵屬頤養天年的絕佳處所。世界上還有哪個民族能比得上中國人更懂得享受生活的情趣？宜乎連美國總統柯林頓訪問中國大陸時，都要寧可放棄杭州，也要一睹蘇州的風采！

　　三點半乘車參觀宏碁分公司的明碁電腦工廠，規模宏大，經營得法。六時許應蘇州市汪副市長晚宴，佳餚美酒，賓主言歡，惟太貴族化，似與社會主義平民作風相去漸遠矣。

　　八時許晚宴結束，乘車前往市郊羅馬瓷磚招待所。主人黃君好客，延請當地一對兄妹彈

唱蘇州平調，委婉動聽，歷一小時，盡歡而散。多日來長途奔波，到處參訪，頗感疲累，兩腿痠痛。熱浴後，服鎮定劑，始安然入眠。

羅馬磁磚在蘇州立足（五月十四日 周四）

　　上午參觀羅馬瓷磚工廠，設備完善，品管甚嚴。科長級每月工資約三四千元，工人則六七百元不等。工廠包管食宿，當地人民性和善，便於管理。正午重返蘇州，歷經護城河、城內河等，江南古蹟依舊，唯工商業標幟的高樓大廈不免掩蓋古城。嗣至寒山寺，名詩佐證。聞清代狀元共一百十九人，僅蘇州即佔二十六人，可見文風之盛。兩點多，參觀中國蘇州織繡研究所，工藝精湛，繡織的金魚尤其美麗而逼真。三時至馳譽中外的拙政園參觀，大體上與留園無顯著差異，惟其範圍較大，古意至濃，典故特多。遊客如織，頗為擁擠。然仍留照數幀，以為永恆紀念。五時半抵上海，投宿於漕溪北路建國飯店。晚餐後稍休息，九時許在細雨中獨自散步，在地下道口與一南通籍小販閒聊，他幼失雙親，在姊家成長。白天作水果小

買賣，晚上則擺地攤賣香煙，以博取蠅利，而助家計。聽說如遭警察取締，每次要罰款五百元。

會晤台商談三通交流（五月十五日　周五）

上午九時至附近參加臺商會議，雙方成員卅多人聚於一室。略事寒暄後，由雙方主持人報告。我說本團成員皆是書生，無實力解決問題，然有筆可形諸文字，以期發揮輿論作用，亦可間接予以協助。某年輕臺商坦稱：在此經商遭受層層關卡阻礙，四面八方都得應付，實在不勝其煩。我說包括臺商在內的臺胞，每予大陸同胞恃「財」傲物、氣大財粗之感，是否宜予內斂。談到三通問題，經濟不能與政治區隔；我認為大陸同胞的民族主義推行得很好，這涵蓋了民族意識及國家觀念；臺灣問題多多，最大的亂源是有人想當臺灣共和國之父。此言一出，有人指責離題太遠，竟然當場咆哮，我即手提皮包拂然離去。會後某臺商向我握手致歉，並謂不宜公開批評臺灣的不是，我說連中共我都敢當眾批評，例如前年李登輝訪美，中共即行軍事演習，幾近一人犯錯而處罰全

體，這是違背領導統御學上的原則的。臺灣在旦夕間竟因而損失外匯存底一百多億美元，凡事得權衡利弊得失不宜一意孤行。下午參觀東方明珠、揚浦大橋、豫園等名勝，晚間則觀賞上海黃埔灘各美景。

西湖靈隱寺瞻仰金佛（五月十六日　周末）

　　清晨告別上海，沿途所經各馬路，導遊講解其來龍去脈及各種趣事。上海火車站特別擁擠，幸有軟坐棲身，曾假寐些時，車經筧橋乃往昔我空軍基地。午餐後，至西湖畔的香格里拉飯店稍事休憩。三點半許乘車前往西湖靈隱寺，仰望號稱世界最大的金佛，莊嚴壯觀無比，善男信女接踵焚香膜拜。暢遊大陸南北各地，到處皆有類似景象，說明民間宗教興盛，不外紛求精神寄託而已，對崇奉馬列主義的無神論者無異是種挑戰。嗣在樓外樓晚餐，席間卻無西湖名菜糖醋溜魚，殆因其價昂，旅行社未點此菜，無商不奸，益證此言。九時許偶聞一青年操天津口音，至感親切。原來他是康師傅代理商，昔曾被人騙貨價值廿多萬元，然而十年

過去了迄今尚未破案。

岳王廟前拍照留念（五月十七日 周日）

　　上午在薄霧中乘船遊西湖，湖光山色，風景絕佳。所謂「上有天堂、下有蘇杭」，自古已然，名不虛傳。回憶民國卅八年隨軍駐紮艮山門時，曾應汪汾學長之邀暢遊西湖，時光飛逝，不覺已近半個世紀了！江山依舊，人事全非！

　　黃昏時分瞻仰新建不久的岳飛廟及其墳墓，這位文武雙全的一代名將，驍勇善戰，擅長書法，其遺墓已刻成碑林，置諸圍牆四周，有玻璃框維護，觀其字如見其人，益增尊崇敬仰之忱！我等皆在其廟、墓之前紛紛拍照留念。

　　晚餐後，回旅社休息。分別在天津的兩姊、忘年交陳金棟及蘭州的外甥梁一平打長途電話，閒話家常，互道珍重。睡前在賓館三溫暖泡了一小時，一身疲憊去了一半。

錢塘江大橋壯觀雄偉（五月十八日 周一）

　　黎明即起，早餐後，整理行囊托運。嗣隨

同仁乘出租車至杭州市中心遊覽，逛百貨公司，與臺北無殊。獨自逛書店，選購有關中山先生書籍六冊，十時登車重返賓館。

　　午餐菜很普通，八十三高齡的陳恭震老先生原籍杭縣，為盡地誼，贈送每桌嗆蝦一盆，眼見活蝦泡酒活蹦亂跳，實不忍下嚥，乃囑侍者蒸後食之。嗣往著名的錢塘江大橋觀賞，其上層通行汽車，下層為火車鐵道，為國人抗戰前所設計興建，至為壯觀。

　　我與王文學長抽空前往就近的新華書局，中山先生專著只有三種。店壁高懸六大名人像，依序為馬克思、恩克思、列寧、孫中山、毛澤東、鄧小平。詢及店員排列次序根據什麼？答以按照年齡為序。我提出疑問：孫中山（一八六六～一九二五）比列寧（一八七〇～一九二四）早出生四年，卻晚死一年，那末為什麼不將孫置於列之前呢？對方冷笑，無言以對。中共向來崇奉馬列主義，惟開放後，卻引起信心危機，難道具有五千年歷史文化的中華民族列祖列宗、先聖先賢等，誰都比不過外國的革命者嗎？

　　與某人私下閒聊，他說改革開放後的大陸

逐漸形成貧富懸殊病象，成千上萬的下崗者難以餬口維生，第二個「六四運動」遲早會發生的。兩位導遊小姐慫恿大家選購西湖特產珍珠，選購者很踴躍。從側面獲知：兩姝將各獲佣金百分之廿，店家贏利為百分之四十，而顧客所購珠寶其真正的價值只有產品售價的百分之二十而已。大陸導遊及奸商莫不視臺胞為「呆胞」，任宰「肥羊」，而「周瑜打黃蓋」，願上鈎者卻前仆後繼。

　　從杭州乘飛機途經福建晉江機場，稍事休憩。這是我這個原籍閩侯的福建人生平首次踏上故土，不勝感慨；及抵珠江，公路筆直平坦，足證公共建設成功。夜宿石景山旅遊中心，乃五星級飯店，環境清幽，設備一流。

大陸也流行用「崔苔菁」（五月十九日　周二）

　　晨吃廣東稀粥十分可口。賓主雙方舉行座談會時，王文學長質疑開發區，居然慨允租地期限為五十至七十年，且地上建築物仍歸私有，此無異將子孫的資源預先支付，吾輩是否有此權利？我則建議地方經建除硬體設施外，

非經濟因素之軟體設施，例如珠江三角洲地區代出名人，史不絕書。舉凡近代中國的改良派、革命家與其關係至為密切，例如我國第一位前往羅馬研究神學的鄭惟信、第一位前往英國習醫的黃寬，第一位留美的容閎，都是香山縣人；改良派鄭藻如、鄭觀應、康有為、梁啟超及中山先生等，皆出生成長於嶺南，廣東人開風氣之先，大有助於國家現代化。珠海為開發區不妨籌建珠江名人紀念館，作為精神財產，且係有利於觀光事業。

　　午餐後特赴翠亨村參觀國父故居，此中西合璧的兩層樓房及德彰公出資，國父親自設計，精工興建，現為觀光聖地之一。遂即參觀圓明新園，完全按照當年北京西郊圓明園佔地面積及一切建築物原貌設計興建。其前部分幾乎與北京故宮無大差異，唯其後園悉為各式各樣的歐式建築，極為豪華壯麗美觀；惟尚有部分西方建築頗有看頭，惜以時間匆促，未能盡興遊覽。旋赴澳門機場候機，珠海對臺辦人員熱誠招待與照料，熱誠可感。半個月的參訪頗有滿載而歸之感。

　　在參訪大陸各地重要經建期間，除聽取官

式簡報及集會座談交流外，我曾多方設法與學者專家私下懇談，尤其廣泛接觸社會基層傾聽老百姓心聲，從而對大陸的現況有較為深刻的認知，試將所見所聞其優缺點臚述如次：

中共仍舊以黨掛帥，黨高高在上指揮一切。現任領導特重年輕化、高教化及專業化。此與卅年前臺灣重用「青年才俊」（崔苔菁）及科技官僚，頗有異曲同工之妙。彼等久經歷練，個個能言善道、出口成章，充滿了朝氣與幹勁兒。

大陸重要都市公共建設一流，行政效率也高。知青分子儘管對中共一黨獨大紛有噴言，然其國家觀念、民族意識均高。人民普遍領悟到知識的重要，近年大力倡導「尊師重教」，許多家長甚至寧願節衣縮食儘量供給子弟求學，以期來日出人頭地。

由於國企虧損不堪，生恐拖垮經濟發展，不得已採取「優勝劣敗、適者生存」的自然淘汰制，擺脫「吃大鍋飯」一切依賴公家的惰性及陰影，發揮自力更生的積極性。

知識階層意識形態鬆動、不再神化馬列主義，咸認馬克思不過經濟學派之一而已，彼對

政治方面則有害無益。唯物論以局部性的理論用於人類整體的生活，以偏概全；階級鬥爭戕害人性而惡質化，遺害無窮，最為要命。改革開放以來，社會貧富懸殊，競相追逐物欲，一切向錢看。欺詐百出，拐騙橫行，貪汙腐化，無惡不做。宜乎星雲法師慨乎言道：「大陸上人心壞了！」此說縱非全面，但或然率甚高，質詢大陸同胞，他們也不否認此說。學人辛旗曾對筆者表示：復興中華文化實為明智之舉，當然有其必要。

《展望》月刊，民國八十七年七月

戰地採訪甘苦談

　　民國五十四年春節的前兩天，我滿懷著興奮、好奇而複雜底心情，隻身飛往金門前線，去接任軍聞社駐金特派員的工作。以當前的軍事新聞的比重來說，前線是最主要的一環，而金門的地位尤其重要，自然那兒的工作也越發沉重而艱鉅。要想做事，豈不正是一個難得的機會，因此我感到興奮；久聞金門戰志高昂，工事堅強，地方經建，社會福利等，在在都是遵照三民主義的藍圖而實現，尤其聽說金門的軍民仍然保有代表中華民族性的那種農業社會所特有的樸實無華的習性和濃郁的人情味，使我心慕已久，可是百聞不如一見，此次趁工作之便，看看「廬山真面目」，對於民性特感興趣的我來說，這當然是一大喜訊，因此我感到十分好奇，其實我還在讀大學夜間部，白天做事，晚上讀書，正過著半工半讀的生活，那次

工作的調動，勢非得已，說走就走，我未做絲毫的份外要求。而對個人的進修來說，當然是一大損失，再說親友均在臺灣，偏偏天暮歲寒，臘鼓頻催之際，像開荒似的，獨個兒前往戰鬥的第一線，難免使平靜的心潮，吹皺幾許波瀾，有時不免興起一種天涯海角，何處是歸宿之感，因此我的感觸是很複雜的。

　　我清楚地記得：那年大年三十和初一之夜，我是在金門日報的編輯部裏過的。金門屬大陸氣候，春節時特別寒冷，那時李思炎學長當總編輯，半夜裏捧著腹部（患有胃病宿疾）寫社論，他那種力疾從公的精神，怎不教人由衷敬佩？夜半時分我們在熊熊的盆火之旁，聊天以解寂寥，而窗外傳來頻頻的鞭炮之聲，不時勾起陣陣的離愁，那年，我是在萬分孤寂的氣氛中，將舊年打發過去的。

　　到了金門之後，就有人告訴我，前線不同於後方，保密特別重要，即使再有價值的新聞基於保密的觀點，往往被扼殺掉。其實我幹了半輩子丘八，難道連這點軍中的常識還不知道嗎？不過我覺得「金門」兩個字本身就有新聞價值，一事件，如果不便於正面寫，大可從側

面描敘，正如迂迴戰術一樣，而戰地事物俱屬
軍事新聞採訪的範圍之內；基於此一觀點，我
發現金門像一個未經開採的寶藏一樣，到處都
充滿著新的希望。為了挖一條有價值的新聞，
有時我竟輾轉在床塌，每值深夜，久久不能成
眠，至於為了尋求一條新聞線索往往費盡心
思，歷經挫折，箇中滋味，誠如俗話所說：寒
夜飲冰水，點滴在心頭。

　　說了許多閒話，現在應該言歸正傳了。採
訪前線新聞，首先必須特別重視戰鬥性的消
息，我甫到金門不久，軍中即發起一種如火如
荼的志願留營運動，我曾經參加過幾次這樣的
大會，親眼看到戰士們個個慷慨陳詞，情緒之
激昂如剖忠肝義膽，令人萬分感動，不覺熱淚
奪眶。有許多戰士他們幾乎以殉道的精神，將
自己的一切統統交付給國家；最難使我忘懷的
是林信仁、洪天進、顧光毅三位本省籍的戰士，
他們一致要求終身留營，我真想不出他們到底
是基於何種因素竟做如此斷然的決定。這事，
的確太令人感動了！於是我撰成專稿特予介
紹，中央日報曾刊於顯著地位。其次，有一位
駐守在小金門的花木蘭關興蘭少尉，這位巾幗

英雄不讓鬚眉專美於前，毅然當眾宣示終身志願留營。這消息像春雷似的，震動了前線，也震動了臺灣，三月十七日的中央、新生、中華、戰士各報均曾披露，效果甚佳，對我來說，這當然是一大鼓勵。如果說文學是生活的反映，那麼新聞文學尤應是現實社會的有力表現，我到金門不久，早想找個機會到前線的前線－大二膽以及更小的島嶼去看看，甚至住上個把禮拜，跟戰士們朝夕相處，共同生活，建立感情後，再從實際的生活體驗一下他們的處境與心情，再搜集有關資料，報導那兒戰士的生活實況。否則，只憑耳聞，所謂浮光掠影，那便在文字上再琢磨，再修飾，寫出來的東西總不是那麼一回事，我常這樣想。我渴望已久的機會終於到來了，那是一個最易勾人鄉愁的節日，金門司令官率員親赴第一線各島訪問，並攜帶康樂團隊及大批食物前往慰勞。我那還顧得欣賞歌舞，一腳上岸，先「偵察」一番，找一兩位戰士閒聊天，起先他們還基於保密之故，不免有所顧忌，等我說明身分與來意後，他們也就視若自己人，天南地北，無所不談。在那幾處從來沒有女人的地方，我發覺了許多許多感

人的奇聞；比如第一線的戰士晝夜虎視耽耽，
嚴陣以待，槍口緊緊對住敵人，一個個像小老
虎似的，有幾分英氣，有幾分豪氣，有幾分怒
氣，也有幾分殺氣；儘管如此，每個班都供奉
小型佛像，而且不斷燒香，據說那是對面的敵
人破壞宗教後，將菩薩也清算鬥爭後而推入苦
海，也許是浪跡千里外靈性一點通的緣故吧！
這些佛像飄海而來，戰士們拾到後乃視如神
明，予以供奉。比大二膽更小的一些島嶼，最
缺乏的是蔬菜和水，因為補給的困難，每人每
天只能分配兩三杯飲水和半面盆的用水，上級
長官來視察如果一杯水剩下一半，戰士們都捨
不得倒掉，仍留下供飲，至於蔬菜最多吃上個
把禮拜，用盡則用盡，否則也會腐爛，實在接
濟不上的時候，祇好啃黃豆酸菜罐頭，箇中苦
味，非身親其境，自難體會得到。至於性生活
的解決，不可否認，也是問題中的問題。儘管
如此，那兒的士氣卻十分旺盛，生活既有規律，
同志間甘苦與共，人情味至濃，總之生活雖苦，
苦中有樂。如果純以新聞眼光採擷資料，詳為
報導，必甚生動感人，然以種種因素所限，只
能作「走馬看花」式的撰寫，行文之後，自閱

一過，已不感動，焉能感人！

　　新聞同業，視若兄弟，勢必競爭，不足為怪！我到金門後，同業中央社特派員郭堯齡兄給予指點頗多，他是十八年的「老金門」，穩厚持重，人緣頗佳，我們合作得很好。可是我初抵金門，加以經驗不足，工作上有時不免遜人一籌，因此我不想在正面上與人一爭長短，戰爭的原則是要出奇制勝；況且我以為老發官式的新聞，總帶有標語口號式的八股作風，常來這一手，即有效果，自己也覺乏味，乃思打破慣例，決心向傳統作風挑戰。是年四月十一日各報所載古寧頭老太太，即一百零二歲的李阿婆一稿，我寫此文時，純用文藝的筆法，儘量從人情味與趣味化方面去寫，結果中央、新生、聯合等報均採用，當然這樣做似與軍事新聞無關，可是在戰地砲火連年中，居然有得享如此的高齡老人，間接說明了金門仍有一股安定的力量在。後來我發現了一條兩條腿的豬，乃親「訪」這一天生的怪物，拍成照片，配以輕鬆幽默的文字，做了一個圖與文，寄到臺北後，效果之佳，堪稱空前，各報競相刊出，來個十足的「滿堂紅」，只因數量有限某英文報

沒有收到，次日即向社裏提出抗議。一位年長的同事特向我寫信致賀，文云：「世有伯樂，然後有千里馬，金門有莊政，然後有兩腿豬……」。可是後來我聽說社內為此稿，曾引起一度爭辯，反對者完全擺出一副衛道者的姿態，以為軍聞社代表官方，發社會新聞，真是豈有此理，而洗照片的同事更是牢騷滿腹，後來有了效果，當然誰也沒話講了，此事雖小，可以喻大。我總覺得：凡是官方黨方的新聞機構，無論再清高，再超然，總脫離不了政治色彩，否則即無存在之必要，這道理就好像既當和尚就得唸經，就得打坐，就不能吃豬肉，就不能討老婆一樣。可是立場儘管嚴正，但是效果也應講求。否則一廂情願，擺出「老子就是這一套」的模樣，不管讀者反應如何，如此這般，不與廣大的群眾發生血肉相連的關係，其失敗是註定了的。談宣傳必重技巧，必講方法，因此我在寫新聞稿，尤其是寫特稿時，特別注意於此，我覺得說一百句話，只要有三五句能產生宣傳效果，於願足矣！因此我從不單刀直入的漫罵敵人如何殘暴無道，自己如何偉大仁慈，然而在行文之中，不露痕跡地帶上幾筆，

達到宣傳之目的，那是必然當然的。我何嚐不知道世界上任何政治團體，皆有排他律，尤其是誓不兩立的敵人，全世界再小的缺點都是他們的，而咱們自己則是完美無缺的，是上帝的化身，不如此不似足以言宣傳。不錯，黨方官方新聞機構皆為宣傳部門之一環，然而兩者之形態畢竟不同，報紙到底有異於標語口號，除了宣傳之外，似不如另外給讀者一點東西。

　　民國五十五年八月九日、十日，我曾分別以「兩對孿生兵」（訪金門前線陳、洪四兄弟）、林永安、林家東兩義士自廈門泅水投奔金門，前者為特稿，後者為專電，儘管方式不同，我始終把握著前述寫作的原則，結果兩稿的效果都不錯，二林義士的專電竟蒙各報一致採用，不禁驚喜交集；勝敗兵家常事，對於一個新聞圈的新兵來說，打一次徹底的勝仗，精神鼓勵之大，可以想見。

　　時光如流，忽又一年，金門給我留下了極深刻的印象，那兒淳樸的民性，濃厚的人情味，農業社會獨有的自然之美，寧靜之樂，還有，戰士們堅強的臂膀，旺盛的士氣，老百姓樸實的面孔，勤苦的習性……這些似乎都不容易在

臺北找得到的。雖然基於工作之故，我在金門的確也吃了不少苦頭，然而每當看到自己用心血和汗換來的工作成果時，這種快樂是金錢買不到的。

對我來說，金門特別有種親切感，我的祖籍是福建林森，可是我卻從未到過自己的故鄉；金門是福建的一個縣，那兒的泥土，那兒的氣候，那兒的民情風俗，總會跟家鄉有許多相似之處。有人問我：你說一口天津話，體形個性沒有那一點不像北方佬，你是那門子南方人呀！你到過福建嗎？你會說福建話嗎？對於後一問題，我自會以福建話不下五六種為塘塞，對於前一問題，現在我會理直氣壯地說：「有」。

《戰地文教》第二卷第三期，
民國五十七年一月一日出版

附錄一：

跨世紀的探索

—— 讀《孫文革命思想發展史論》

徐萬民

　　上世紀六十年代。莊政先生投身孫學研究。迄今已有四十餘年。先生勤奮耕耘，孜孜以求，終成享譽海峽兩岸的著名學者。自九十年代始，他多次蒞北京大學參加學術會議與講學。我亦有幸聆教，拜讀他的大作。2005 年，北京大學舉辦紀念中國同盟會 100 週年國際學術研討會。正當我們企盼先生與會之際，卻傳來了他身患重病的消息。此後幾年，我滿以為，他已罷耕節勞，頤養天年了，卻不料今年春草泛綠之時，突然收到他寄來的新作《孫文革命思想發展史論》（以下簡稱《史論》）。一部 600 多頁，40 多萬言的巨著，熔鑄了先生四十

年的智慧與心血，堪稱其跨世紀研究孫中山思想的總結之作。

幾個月來，我一直在讀這本書，掩卷沉思，感慨萬千，寫下幾點讀者感言，以與諸位同道切磋。

我向來佩服先生的遠見卓識與毅力。1989年，他在《孫中山家屬與民國關係》一書的"自序"中說：「多年來著者在大學及研究所教學之際，致力於中山先生生平事蹟的研究，希望先以其人其事多方面的認識與瞭解，整理出頭緒及其脈絡，找到比較科學的論據，以此作為基礎，進而對中山先生的思想學說能有系統、作深度的研究。」可見，系統深入地探討孫中山革命思想發展的歷史軌跡與哲學依據，是他的夙願。先前所作的種種專題研究，發表的著作與論文，都是為這一終極目標服務的。不料，經過三十多年的潛心準備，在他動手寫《史論》時，卻遇到了巨大的困難。

一是臺灣島內政治氣候的巨變。陳水扁上臺後，為推動「台獨」路線，大搞「去中國化」。國父孫中山突然成了外邦人，孫中山研究所，三民主義研究所等孫學研究機構紛紛撤銷或改

名，教授國父思想的課程被取消，從事孫學研究與教學的學者處境艱難，有的甚至被迫改行。

　　二是先生年事已高，又突患重病，難以從事既費體力又費腦力的著述工作。但是，政治環境的惡劣並沒有能使先生放棄其既定目標。他堅信孫中山的歷史地位是任何力量都動搖不了的，「台獨」分子的倒行逆施是不能長久的。堅持孫學研究就是反「台獨」。2007 年 6 月，《史論》終於由國立編譯館隆重推出。以抱病之身完成如許巨著，是要有何等的勇氣與堅定不移的信念。

　　首先，堅信中國的現代化離不開三民主義。莊先生反覆強調：「我國地大物博、人口眾多，居世界之最，倘無立國精神、建國目標（包括近、中、遠），這怎麼得了？」三民主義傳承中國固有文化，擷取歐美政治與科技之所長，加以其獨自創獲與發明，為現代中國的發展指明了方向，怎能捨棄？

　　其次，堅信統一祖國的大業離不開三民主義，他說：「根據歷史的發展，時代的潮流，分裂已久的現代中國遲早勢必統一，這是人心所向，大勢所趨，任何誰都抵擋不住的。」而

孫中山是兩岸同胞共同敬仰的歷史偉人，三民主義實為調整兩岸關係的最大公約數與和平統一的基石。

因此，堅持孫學研究不動搖，就是為現代中國的發展、為中國的統一盡力。如今，兩岸關係柳暗花明。《史論》已經出版，先生的修為成正果，這是何等快心之事。

我認為《史論》是一部具有學術品位的著作。過去，一些臺灣學者用中國國民黨的黨史觀解釋三民主義，為神化孫中山，樹立新式精神偶像，增強國民的認同感服務。有些大陸學者用中國共產黨的黨史觀評價三民主義，或褒或貶，是為神化毛澤東做鋪墊。莊政一貫反對以預設的立場的成見，不作史實考證一味歌功頌德，「神化」孫中山，而主張實事求是，還其本來面目。《史論》不是「注經」式的純理論著作，而是沿襲中國史學的傳統，重證據，力求運用歷史敘事的手法，客觀的再現中山思想發展的歷程。

四十年來，先生所作每一項孫學專題研究，都是從搜集史料開始的。他下苦功精心研讀所有現存孫中山的全部著作，早已爛熟於

胸，事無巨細，常能娓娓道來，如數家珍。書中徵引的大量中英文檔案，師友及親屬部屬的著作、日記、書箚、年譜、傳記、回憶錄，真正做到了言之有據。

　　如果說上述第一手史料是孫學研究的源，從清末到當今，海內外學者研究孫學的著述則是流。他能棄政治分岐於不顧，打破門戶之見，博採眾長。既瞭解各種岐見的來龍去脈，也熟悉當代孫學研究前沿的最新進展，成就了有鮮明時代特色的《史論》。書中時有精彩的論述，發人深省。試舉數例如下：

　　孫中山是十九世紀以來，中國人民的反帝國主義侵略、反君主專制制度的偉大鬥爭造就的偉大的革命領袖。全書用三分之一的篇幅。從孫中山生活的人文地理環境、時代特徵、家庭背景、教育與宗教、師友關係、個人主觀努力等方面，闡述了一個農家子弟成長為革命偉人的真實而可信的過程。《史論》展現的孫中山的成長歷程，樸實無華，沒有任何神跡的暗示。

　　孫中山青少年時在海外及香港等地，接受英美式的科學教育近十四年之久。後來從事革命活動，數次環遊地球，足跡遍及亞、歐、美

三大洲的十幾個國家及地區，在海外度過了三十一年六個月，占其全部生命歷程的百分之五十四。他對世界潮流和中國發展方向的認識，遠遠超出同時代的中國政治家之上。他能以歐美思想為借鑒而不為其所役，宣導革命民權以替代盧梭的天賦人權，首創五權憲法而超越孟德斯鳩的三權分立，贊成克魯泡特金的互助論而反對其無政府主義，受馬克思學說的影響主張節制資本而拋棄其剩餘價值學說與無產階級專政理論。歐美思想界五彩繽紛，學派主義如牛毛。那些對西方各種思潮的流變蒙昧無知，另將一二歐洲思想家的學說視為唯一真理的所謂政治家，更不能與孫中山同日而言。

　　《史論》認為：孫中山思想的形成與發展，不是直線的，一成不變的，而是隨著時空的轉換而不斷演變的。任何一種思想皆有原理原則及其時空的局限性，中山先生的思想自然也不例外。該書以主要篇幅論述三民主義。民族主義的形成與發展，外交理念和策略。民權主義的形成與發展，五權憲法的理念與實踐。民生主義的形成與發展，平均地權與節制資本，民生主義與共產主義的比較。最後闡述孫中山思

想的哲學基礎 —— 民生史觀。其論述不是靜態的，而是動態的；不是純理念的，而是理論與實踐相結合的。通過考察百餘年來，三民主義在中國社會轉型的過程中的指導作用，來確定他的歷史地位。臺灣同胞實踐三民主義，創造了經濟奇跡，建立了民主政體，為世人所欽仰。上世紀八十年代以來，大陸實行改革開放，逐步拋棄史達林模式的社會主義，同樣創造了震驚世界的經濟與社會進步。展望二十一世紀，三民主義在兩岸和平統一，在中華民族偉大復興過程中，必將發揮更大的指導作用。

《史論》指出，三民主義互為因果密切關聯。民族主義是民權主義、民生主義的民族主義，是憲法政治、民主主義及民生現代化的民族主義。同理，民權主義是民族主義、民生主義的民權主義。民生主義是民族主義、民權主義的民生主義。近年來，有人歪曲亞洲新興經濟體的發展史，認為一個國家即使在專制體制下也可成功走向現代化。三民主義不可分割的理論正是對這種謬論的批駁。

《史論》對海峽兩岸孫中山研究的缺失都有冷靜客觀，切中時弊的批評。

　　他說：「中山先生的著述宏富，披閱其全集或選集當可了然，惜乎半個多世紀以還，基於政治立場之歧異與社會制度之不同，以致順我則收錄，逆我則揚棄，迄至目前為止，天地悠悠，舉世滔滔，人間尚未見一套隻字不移，完完全全之《孫中山全集》，足供參考研究者。」希望將來能有超越大陸版《孫中山全集》與臺灣版《國父全集》的新《孫中山全集》，是先生對兩岸學者的共同期待。

　　1923 年《孫文越飛宣言》載：「孫逸仙博士以為共產組織，甚至蘇維埃制度，事實均不能引用於中國，因中國並無使此項共產制度或蘇維埃制度可以成功之情況也。」此後幾十年間，國、共兩黨對關於建設新民主主義社會的方案，基本上是一致的。1949 年以後，在中國大陸，新民主主義被拋棄，全盤照搬莫斯科版的社會主義制度，整個社會被推上了向共產主義飛奔的快速列車，其速度之快，連蘇聯老大哥也為之瞠目結舌。結果列車顛覆，一場超大規模的社會實驗以慘敗告終，數千萬人為之付出了寶貴的生命。痛定思痛，我們不能不佩服中山先生洞燭機先的預見力，不能不深思慘劇

發生的原因。而一些大陸學者至今仍對孫中山批評馬克思主義與蘇維埃制度的言論諱莫如深。難怪莊政先生要再三予以批評。不過這種批評，是講理的充滿善意的。

《史論》稱：「一個人的思想觀念隨著年事增長與閱歷深廣，對世事的看法益趨滲透而成熟，其所創發的理論基礎益形堅實，制度架構亦漸完備。」若仔細考察近代中國思想大家如康有為、梁啟超、嚴復、章太炎等人的行事軌跡，又不盡然。

《史論》將三民主義的發展過程分為初期、中期、晚期三個階段，將第三期稱為三民主義的「成熟時期」，認為：「孫中山的晚年思想學說益見圓融完美。」其實，孫中山兼具革命實踐家與思想家雙重身份。三民主義的建國方向、基本架構確實是益形明確而完備，但三民主義的具體內容，包括一些重大的觀念和政策，卻往往不能保持其連貫性，具有很強的實用性，往往依據政治需要隨機應變。有些變化是在進步，有的改變則可直視之為倒退。

如辛亥革命時期，孫中山接受了西方的自由主義觀念。他以中華民國臨時大總統的名義

頒佈的《中華民國臨時約法》規定：中華民國
人民一律平等，無種族階級宗教之區別。人民
享有人身、居住、財產、言論、出版、集會、
結社、通信、遷徙、信仰等自由，享有請願、
訴訟、考試、選舉及被選舉等權利。他又簽發
一系列法令，意在切實保障人民自由權利的實
現。辛亥革命失敗後，孫中山將個人自由主義
改造成集體自由主義，拋棄天賦人權，主張革
命民權。要求黨員犧牲個人之自由平等權利，
甘願服從孫中山一人，去爭取民族自由、國家
自由。孫中山的這種自由觀產生了消極影響，
它使個人自由的觀念和權利長期被壓抑，為領
袖獨裁提供了理論依據。辛亥革命距今將及百
年，對大多數中國人而言，《中華民國臨時約
法》所許諾的人民自由權還只是海市蜃樓而已。

又如，從興中會到同盟會到南京臨時政
府，與三權分立並無本質差異。辛亥革命後幾
經演變，特別是十月革命後受蘇維埃政治體制
的影響，孫中山接受了一黨專政的理論，要以
黨建軍，以黨建國。在他去世後，更演變成了
標榜「一個黨，一個主義，一個領袖」的法西
斯獨裁理念。一黨專政流毒至今，不能不說是

中國民主政治的悲哀。

　　當然，孫中山的偉大之處在於他引導中國走上了一條方向正確的道路。我們不能要求他對每一個問題的思考都盡善盡美。何況，上述種種消極影響不能由孫中山一個人負責，那些自詡孫中山事業繼承人的執政者就有不可推卸的責任。

　　第一次世界大戰後，一些中國人鼓吹西方的物質文明破了產，需要東方的精神文明去拯救。十幾年前，又有人煞有介事地說，一批諾貝爾獎金的獲得者在巴黎宣言，如果人類要在二十一世紀生存下去，必須回頭去吸取二千五百年前孔子的智慧。近年來，又有人吹噓二十一世紀是中國人的世紀。《史論》也說：「世界上各種主義多矣，然而，確能涵蓋人生全部的三大境界 ── 自然界、社會界及人文界三個層面，殆捨孫文主義莫屬。人類社會所發生的問題層出不窮，吾人皆可從其理論與實踐中尋找答案，經緯萬端，迎刃而解，問題端在吾人認知程度如何耳。」世界是在發展的，世界文化是多元的，有關孔夫子和孫中山能為二十一世紀人類指南的設想，恐怕只是我們中國人的

一廂情願。

　　《史論》雖有一些有待商榷的地方，但它仍是近年來為數不多的優秀的孫學著作之一。遙望南天，僅向海峽彼岸的莊政先生致以熱烈的祝賀，祝願先生老當益壯，為孫學研究貢獻更好的作品。

2009 年 9 月於博雅西園

（作者係北大歷史系教授）

作者與北大徐萬民教授合影於國父畫像

附錄二：

《孫文革命思想發展史論》書評

趙明義

　　莊政教授著述的新書《孫文革命思想發展史論》，已經由台北的國立編譯館出版。全書共分六部份，二十一章，四十餘萬言。我國學界不見「孫學」研究新著已久，今能得此書，真如久旱逢甘雨，甚為感奮。

　　本人讀完此書，可以用「不簡單，不容易」六字來形容。「不簡單」是指莊政教授對「孫學」鑽研的用心與執著，頗有士者之風；不容易是指國立編譯館在維護學術自由、文化傳統方面，豎立一個典範，令人欽佩。

　　此書分六部份，就是六篇。第一、第二篇在敘述造就中山先生革命思想的主觀條件與客觀環境。第三、四、五篇分別論述民族、民權、

民生這三民主義的理念與實踐。第六篇專論心物合一與民生史觀，闡述孫學的哲學基礎、價值體系以及歷史觀。與坊間其他的國父思想著作相較，此書不僅是體系分明、脈絡貫通，而且陳述有本，論證有據，有創見，引經據典，考察扎實。

莊政教授運用傳統的歷史研究法、文獻研究法，以及科學的歸納法與辯證法，可稱是一部「蒐整中山先生及各家之言，兼重哲學性與科學性論證的著作」。

第一篇〈革命的客觀環境〉、第二篇〈革命領袖的主觀條件〉，大量引用文獻資料、人物誌、編年體，彙整而成。例如：他提出人生的三大境界：自然界、社會界、人文界，涵蓋了經濟科技、社會政治、價值體系三個層面。有助於說明中山思想的現代性、適用性。

茲簡述本人讀此書後之心得。

第一篇將中山先生發起革命的客觀環境，分為：地理環境、歷史淵源、對苛政憤慨、列強侵華的刺激、師長和同志的支助等因素。古今中外的革命起義，大多與這些因素有關。莊教授認為：滿清政府腐敗，喪權辱國，人神共

慣；雖然知識份子康有為、梁啟超等提出保皇
維新，卻依然失敗，而守舊勢力卻復辟。中山
先生才不得不採激烈革命，推翻滿清帝國，建
立民主國家。

　　第二篇說到中山先生成為領袖的條件，是
受家庭背景、學校教育、宗教信仰、中華傳統
文化、以及歐美人士如：達爾文、克魯泡特金、
孟德斯鳩、盧梭、亨利喬治、俾斯麥、威爾遜、
列寧、毛瑞斯威廉等思想的影響。可見中山先
生既能海納百川，又能擇善固執。這些值得我
們效法。

　　第三篇〈民族主義的理念與實踐〉，認定
中山先生提倡的民族主義，並非唯我獨尊而排
斥其他民族，而是以民族平等為目標，濟弱扶
傾為原則，世界大同為理想。就同中山先生的
訓詞所說「以建民國、以進大同」（後來成為
國歌歌詞）。否則，豈不變成帝國主義、民粹
鬥爭？

　　第四篇〈民權主義的理念與實踐〉，莊教
授認為民權才是三民主義的核心，強調權與能
的區分，五權分立以制衡。中山先生能對歐美
民主政治的得失，截長補短，知所取捨，從而

創發一套適合中國需要的五權制度。

　　第五篇〈民生主義的理念與實踐〉，說明「平均地權」、「節制資本」；他提倡「國家社會主義」，提出「實業計劃」，符合一般人民的期待。

　　第六篇〈心物合一與民生史觀〉，論中山先生的哲學思想，既不偏於唯心，也不偏於唯物，精神與物質合為一體。莊政教授並且補充說明：原始社會是物重於心，文明世界是心重於物；現代文明是偏重物質，傳統文化是側重精神；勞力者重物質，勞心者重精神。至於民生史觀所謂的民生，廣義是指人類求生存，狹義是指發展經濟。

　　莊政教授這本新著，是近年來少見的孫學研究的巨著，共六百二十八頁。書中論點，大體繼承了上一代三民主義研究學者的遺緒；對研究孫學的後繼者，有很大的啟迪作用。本人希望知識份子（尤其是從政者）都要仔細研讀這本書。（作者係政治作戰學校教授兼研究所主任）

　　　　　　　《書和人》第 1107 期
　　　　　　　民國九十七年五月十七日

附錄三：

《孫中山的大學生涯》書評

呂厚軒

　　孫中山先生是現代中國民主革命的先驅，多年以來是學者研究的熱點。因此「孫學」的研究成果，汗牛充棟。臺北市莊政教授所著述的《孫中山大學生涯》一書，則是另闢蹊徑：以細微現真實，以平凡見偉大，讓讀者有耳目一新的感覺。

　　長期以來，中國傳統有為賢者諱的習俗。孫先生逝世後也逐漸被塑造成先知先覺，民眾都對他頂禮膜拜。一九四九年後，不論是統治大陸的共產黨，或是退居臺灣的國民黨，都認為自己才是孫中山革命事業的繼承人。在這種認知的環境裡，「孫學」自然和政治掛勾的。莊政教授當然知道這種情形將會影響歷史真

相；因此，他就在書序中明確指出：「緬懷歷
史人物，可以本諸民族大義，但卻不徒是民族
感情，而須基於理性。人民的眼睛是雪亮的。
當許多『會說明的史料』出土後，呈現於世，
使知非常之人固能領袖群倫、開創非常志業，
但同時是血肉之軀，自具七情六慾。……與其
視若神明，一味歌功頌德、瞎吹猛捧，倒不如
實事求是、還其本來面目。」這就是莊政教授
著述的原則。

　　莊政教授基於這個原則，下筆前先加以考
證澄清，還其真相，這是本書的特色之一。例
如：考察孫中山求學時期檔案資料，他在校成
績一直是名列前茅，多年來無出其右者，最後
以第一名成績畢業。但是並非如傳說所說：畢
業成績各科均得到滿分。

　　說到孫中山先生的婚姻感情問題，莊政教
授頗為陳粹芬女士鳴不平。陳粹芬女士是中山
先生在特殊時期的革命伴侶，卻因政治禁忌的
敏感問題，幾乎被世人遺忘。莊教授指明：我
國的一夫一妻制，是民國十八年南京的國民政
府頒行《民法》以後的事；在此之前，千百年
來不論官署法律、民間習俗、均未排除納妾；

閩粵風俗向來就有「妾侍」及「平妻」之說。中山先生的元配盧夫人是典型的中國舊式婦女，二人結合是在傳統的「父母之命，媒妁之言」完成的。她不可能追隨中山先生為革命而東奔西跑。在此情況下，志在革命的陳粹芬走進了孫中山的感情世界，成為革命伴侶，卻沒有正式名分。後來她雖然因病而離開中山先生，但也不可把她遺忘。莊政教授這樣實事求是的態度，值得我們讚賞。

莊教授在書中提起一則小故事：中山在日本時，有一天和日本政治家犬養毅（一八五三～一九三二）伉儷餐敘，犬養毅問中山：「您最喜歡的是什麼？」中山立即回答：「革命。」再問他：「其次呢？」回答：「女人，讀書。」從這個故事裡可以看到中山先生的平凡及可愛。莊教授還特別提到：偉人也是人，也有七情六慾，只是偉人能夠克服某些慾望，追求更高的理想。

莊教授在此書中特別提到：「沒有孫眉，就沒有孫文。」孫眉，字德彰，是孫中山的哥哥，在檀香山工作，資助孫中山出國接受新式教育，也支持孫中山革命事業，甚至傾家蕩產，

賤售牛隻充作軍餉，以致後來「老母病逝，無錢購棺」的悲傷事發生。

　　莊教授特別說明中山先生的大學生涯對革命事業及中國走向現代化的影響非常大。中山先生雖然天資聰明，而他的博學，更多是來自後天的努力。一生「手不釋卷」就是中山先生特色之一。

　　一九〇五年（清光緒三十一年），孫中山在英國倫敦時，曾經和福州著名學者嚴復（一八五四～一九二一，字幾道，民國初期擔任北京大學校長。現在居住台灣的嚴倬雲、嚴停雲姐妹就是嚴復後裔）會面談論國家大事。嚴復就以我國百姓素質較低為理由，建議要先發展我國的國民教育，以開展民智，趕上時代。

　　中山先生逝世後，廣東學者梁啟超曾發表感言說：「孫君是歷史上大人物，無論任何人不能不公認。實際我對他最佩服的：第一是意志力堅強。經歷多少風波，始終未嘗挫折。第二是臨事機警，長於應變，尤其對於群眾心理最善觀察。第三是操守廉潔，不肯胡亂弄錢。」這短短幾句，就可以看出中山先生的偉大，值得我們景仰。

　　莊政教授多年以來研究中山先生的事業成就生活細節，一九九八年他在北京師範大學講學時，筆者有幸能夠向他請教許多中山先生的事情。筆者在「孫學」研究領域中只是個初學者。以上是筆者細讀過莊政教授著述而出版的《孫中山的大學生涯》後的感想，提供給各位讀者參考。（筆者為北京師範大學歷史學博士、現為山東曲阜師範大學歷史學系副教授）

　　　　　《書和人》第 1093 期
　　　　　民國九十六年十月二十七日

附錄四：先外祖父書法

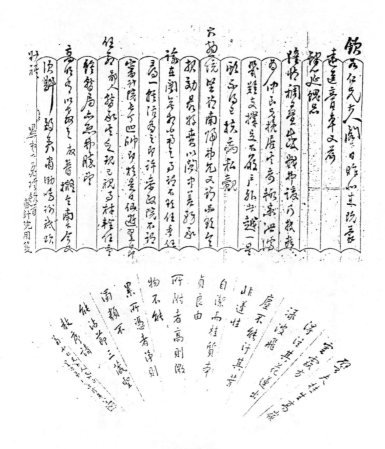

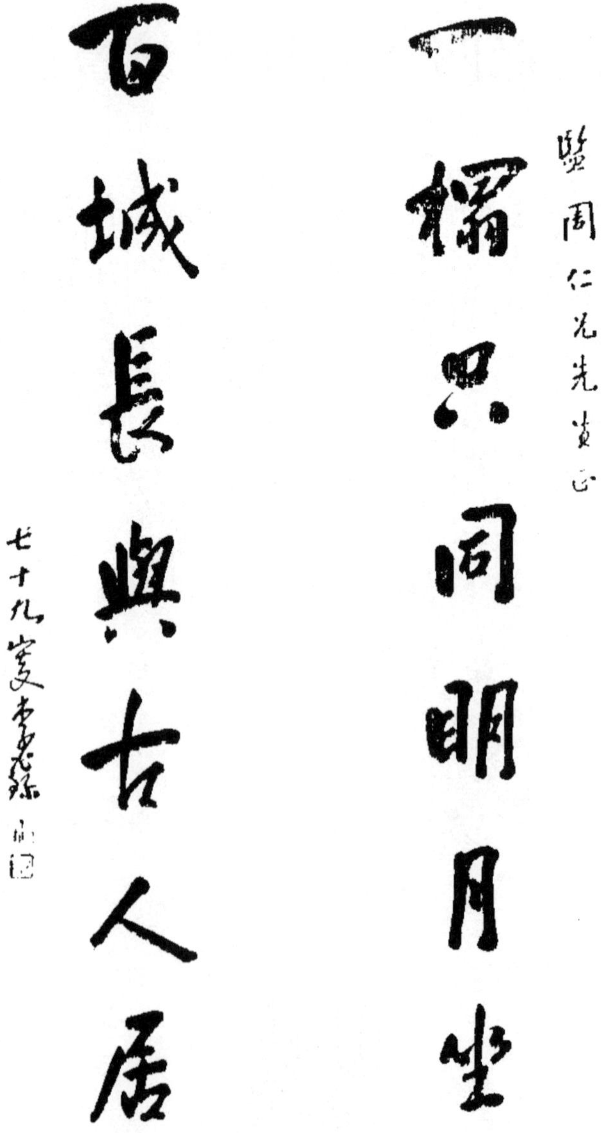
一榻只同明月坐
百城長與古人居
七十九叟

樂我斯遊仰見明月

超然有悟時聞清鐘

行樂及時報思少日

以書遣興易過中年

李延孫年八十有一書

附錄五：

李師雲漢先生來函期勉

政弟如晤：

謝～昨日承電話，承先近況，至感快慰。

上兩期傳記文學，讀到你的七十自述，當時就想寫信一表佩賀之私，只以地遠未常來，致未提筆。瞥眼一生，是艱苦的回憶，足是榮耀的記錄，當年同在流浪途中的伙伴，不見得人人都能有此毅力，有此壯懷，有此成就。經千錘百鍊終能從茫茫人中脫穎而出，冬了預期、預案。

到北京講學，確是極難得的機會去做些「思想潛移默化」的工作。務必最大熱誠與最熱切期待，將中山先生之真精神深植於人心，這也許就是中山先生所說的「大事」。祝有突破性的收穫。

我五年前退休後，並決定不再參加各
方面的學術計劃及活動，但中山，中山
兩基金會的工作則是義不容辭。同
為紀念辛亥革命90年，南京，廣州之
研討會我都婉謝。台北之會則非
回去參加不可。籌備會決定要我寫
論文，也只有勉為其難。

利前應有計劃，想先妥排。
此信不必回復，十月間將在台北
見面詳談。順頌

暑棋

李雲漢　民90.7.4. 於
於美旅次

Yun-han Li
1257 Hobson Oaks Drive
Naperville IL 60540
USA

TO: Taipei, Taiwan ROC
台北市 永康街75巷15號之1-6F
莊 政 教授台照

政勇如晤：週日一晤

專程過訪並惠贈珍貴圖書，以竹出來

能賠錢，深以為歉。連日為繁瑣羈絆、

未克早日渡謝，尤覺來邇周，但願稍

卻佔病益微忍疼可也，有作長鞭，而

行心懷。尚申謝忱，順祝

闔府康泰萬事如意

李雲漢　五、六、七、

雲漢用箋

跋

　　這本書從十篇長短不一的散文集結而成的，其中包括有下列的文字：〈風雨七十年〉、〈由七七抗戰回憶在天津的種種〉、〈四十年來家與國〉、〈徐大姑與我〉、〈大陸孫學研究及高教概況〉、〈從孫文學說談海峽風雲〉、〈闡述「孫學」在北京〉、〈北大講學見聞散記〉、〈參訪大陸經建紀實〉、〈戰地採訪甘苦談〉等共十篇。此外，另有五篇文章列為「附錄」，計有北京大學徐萬民教授等，撰寫的書評及先外祖父的書法五幅。

　　綜論人的一生，有所謂「命」與「運」的不同而有差異。有的人「命」乃先天所定，所謂命該如此、天有不測風雲、人有旦夕禍福；有的人「運」由後天所定，但憑一已拚搏而來；孟子曰：「故天將降大任於斯人也，必先苦其心志，勞其筋骨、餓其體膚，空乏其身，行拂

亂其所為，所以動心忍性，增益其所不能。」
歷史上多少千古人物。出身寒門，幾經奮鬥，
成就一生偉業，永彰史冊。

　　外祖父李兆珍先生（一八四四～一九二七
年），福建長樂縣人。家貧好學，自幼苦學，
日樵夜讀，晴樵雨讀，鄉試中舉，清同治十二
年癸酉科（一八七三年）舉人，時年二十九歲。
歷任直隸望都知縣、開封知府、審計院長及安
徽省長等職。與閩北人士林紓（琴南）、（一
八五二～一九二四年）、嚴復（幾道）（一八
五四～一九二一年）換帖。津沽聞人嚴修（範
修）、李純（秀山），均名列絳帳；而與南開
大學淵源亦深。

　　著者抗戰期間，幼失雙親、孑身無告，衣
食堪虞；嗣後投身軍旅，每念及幼時母示男兒
當立志；及念先外祖父一生苦學有成，乃思從
頭做起，軍中半工半讀苦學多年，從高考及格，
而後自學士、碩士、博士。從國立台灣師範大
學等校執鞭，春風化雨、教學相長；嗣應聘北
京大學、中國人民大學，闡述孫中山學術思想，
有史論據，頗多收穫。歲月如流，忽而來台六
十餘年矣。

普通人中的「大人物」
特殊歷史的「見證人」

── 讀《風雨八十年》的感悟

晉　夫

　　認識莊政先生有 16 年了。先生總結畢生經歷寫就的自傳體文集《風雨八十年》已經成為我手不釋卷的「經典著作」。本來說好要寫一篇讀書體會的，但不是無感可發，而是不知從何說起，就這樣思索了很長時間。作為晚輩，我對書中很多事件都不是親歷者，閱歷的短淺和學識的淺薄使得我始終不敢對這厚重的八十年人生「妄加評論」。然而，作為一個「旁觀者」，也作為先生的「忘年交」，還是想以自己的「一家之言」與更多的讀者進行分享。

　　讀懂這本書，首先要瞭解作者的家世和身份。先生「曾祖父鼎元公，前清進士及第……

外祖父李公兆珍，清同治癸酉科舉人」，出身于傳統的書香世家。他少年喪親，艱辛求學，青壯年後成為職業軍人。在飽嘗了親人離散的痛苦，步步艱辛的求學之後又實現了「完美轉身」，最終回歸學術並聘為教授。之後，於「近黃昏」之年經過苦讀而終獲法學博士學位。因此，先生骨子裡是讀書人，並且是具有深厚家學和豐富閱歷的讀書人，這使得他兼具了軍人的直爽和文人的儒雅。目前，他與夫人、女兒全家都在從事著教育研究工作，是令人羨慕、地地道道的「耕讀之家」。

讀懂這本書，還要瞭解八十年來中國現代史的大背景。由於眾所周知的歷史原因，先生一路顛簸，從大陸的津門來到寶島臺灣，一待就是 60 餘年，從土生土長的「天津衛」變成了半個「臺灣人」，但這並沒有絲毫改變他骨子裡流淌的中國人的熱血。兩岸開啟文化交流後，他作為島內知名大學教授，兼任了大陸北京大學、中國人民大學等多個研究機構的客座研究員，成為奔波於海峽間的文化學者。這種身份的變換，是個人的際遇，更是現代以來中國社會風起雲湧、跌宕起伏的大歷史所造就。

隨著戰爭硝煙的散去，隨著歷史親歷者的漸漸遠去，恩怨情仇的宿怨也必將逐步褪去，思念的親情，文化血脈的不可割捨已經並將繼續成為不可阻擋的歷史潮流，多年來兩岸經貿交流、人員往來、文化交流的持續升溫就是明鑑。從歷史大趨勢講，中國歷來就是一個大一統的國度，分裂、分割就整個五千年長河看，不過是滄海一粟。六十年來兩岸的歷史，就是從相互仇視、相互漠視，又到相互重視的歷史，就是從相互封閉、相互破冰，再到相互交流的歷史，過去遙不可及的「三通」、國共直接交流早已成為現實。所以，本書反映的歷史變遷，就足以證明，交流比封閉好，和平比對抗好，交流、和平符合人性要求，符合人心所向，是目前兩岸之間最大的公約數。先生看到了這樣的歷史大趨勢，很看重這種人文交流，在本書中撰寫了《大陸孫學研究及高教概況》、《從孫文學說談海峽風雲》、《闡述「孫學」在北京》、《北大講學見聞散記》等專文進行記述，用了較多筆墨，占了較大篇幅，用心良苦可見一斑。

讀懂這本書，還要瞭解先生的人品道德。

和先生交往時我還在做在職研究生，只是偌大
的高等學府中最為普通的一員。由於導師徐萬
民先生邀請他來講學，安排我來進行「接待」
而得以相識。而我當時，正處於求知欲旺盛的
年齡，自然而然，對於講授的孫中山的大學生
涯課程頗感興趣，對於由一位自臺灣地區來的
學者進行講授也頗感興趣。毫無懸念，先生的
博學、睿智、幽默和豐富的人生體驗，使得幾
百人的教室座無虛席，「粉絲」很多，好評如
潮。先生講學，一則為研究，二則為尋覓終身
致力於孫學的年輕學人。因此，他不僅將講課
當做職業，更當做是一種「傳道」。其後的交
往，伴隨著我本人的求學、成長，經年累月，
一往一來的書信頻繁地飛越淺淺的海峽，彙聚
成我們之間的骨肉深情。最為感動的是，先生
在繁忙的研究之餘，還主動推薦我的一些文章
在臺灣學術雜誌上發表，在那個書寫軟體還不
能將簡體漢字便利進行轉換的年代，他親自將
我寄去的稿件「翻譯」成繁體漢字。每次來信，
都充滿著對晚輩的關愛，充滿著真摯的情感，
實事求是地講，使我感受到了一種傳統中國讀
書人應該具備的一種人文修養。

　　讀懂這本書，還要瞭解先生畢生研究的「孫學」。他畢生信奉孫中山先生的思想，可以說是忠實信徒，並且做到了「知行合一」，將其作為終身的研究方向。他研究孫中山的生平事蹟，研究孫中山革命思想，研究孫中山的家屬與民國關係，等等。以上研究，從物件上看，不僅限於對「人」的研究，還涉獵對「思想」的研究；從方法上看，不僅有學術研究的嚴謹，還有傳記研究的生動，可稱得上「全方位」、「立體化」，構成了嚴密、細緻的科學研究體系。更重要的是，先生一直以來都在為孫學的後續傳播而奔走努力。應該講，孫中山是近代以來海內外中華兒女都心生敬仰的不可多得的歷史巨人之一。在大陸，每逢重大節日，還會將他的巨幅畫像樹立在天安門廣場，以他名字命名的公園、道路等遍佈大江南北。但毋庸置疑，現在不論在大陸，還是在臺灣，對他的研究多限於學術思想的範疇，並且有漸趨衰微、後繼乏人之憂。其實，我們應該突破認識的藩籬，超越時代的侷限，認真梳理孫學與國學的淵源，孫學與西學的交織，孫學與中國近代政治、經濟、文化等方面的相互影響，孫學在開

展兩岸交流、促進相互融合中的獨特作用，使其煥發出時代的新的氣息，成為學術界、尤其是青年人熱情追逐的「顯學」和「經世濟民」之學。

讀懂這本書，還要瞭解中國讀書人的家國情懷。中國思想寶庫博大精深，在國學中蘊含著很多「修身，齊家，治國，平天下」的大智慧、大學問。「立德立功立言」一直是讀書人畢生追求的理想境界，而「出世」、「入世」始終是困擾讀書人的兩種人生奮鬥取向。大學教授則可以兼具這兩種取向：既可以將手中筆作為「鋼槍」，犀利無比，指點江山；又可以超脫於「政界」，隱於塵世，修身養性。先生正是這樣，寫的文章，做的學問，無一不是源于對現實問題的思索，無一不是在回應社會的期待，同時，又無一不是純粹的學問。數十年來，學術研究自成體系，可謂著作等身。

他是普通人，是兩千三百萬臺灣同胞中的一員，是眾多從事教書育人職業的人中的一員，是當年到島上謀生的眾多大陸人中的一員，是一個普通家庭的丈夫、父親和外公；但是，他卻是普通人中的「大人物」，因為他成

就了大學問，是這段特殊歷史的親歷者，是兩岸學術交流的親為者，是頑強奮鬥並最終實現自己夢想的成功者。從這個意義來說，這本書，既是一本記載「普通人」謀生、求學、奮鬥、學術研究、文化交流經歷的「回憶錄」，更是一本折射特殊歷史時期人生變遷、文化變遷、家國變遷的「大歷史」。

　　（作者現為北京大學法學博士、地理學博士後，曾為美國明尼蘇達大學訪問學者。）

大時代中的普通人

── 莊政先生《風雨八十年》書後

曹玉騫

2009 年，龍應台出版了《大江大海一九四九》，在書裡，龍女士以她慣有的抒情筆調描述了一個又一個普通人在大時代裡的悲歡離合，在這些普通人裡面，也有龍女士自己和她的家人。

當年，初讀此書，我不禁想起莊師，因為他，正是「大江大海」遺落的故事主角。莊師民國二十年十月生於天津，其時，「九一八」事變剛剛爆發，國難方殷；六年後，盧溝橋事變，抗日軍興，而年幼的莊師也跟隨著大時代的洪流一路奔波，十幾歲便參加了軍隊。不想抗戰勝利，國共內戰旋即爆發，莊師也在難民與敗軍的裹挾下一路隨國府播遷來台。之後幾

十年間，他從戎、從文、從教，一路研習國父思想，並在兩岸交流開放後多次前來大陸傳播孫中山先生的精神，推動兩岸間的文化交流。

　　我和莊師的相識，在北大校園。那是 2001 年，我剛讀大一，入學僅僅一月，對大學生活，好奇而陌生。一晚，打水回來，聽同學說當天晚上在講堂有臺灣老師講座，而且老師平易親切，於是我便興沖沖地跑到教室，發現那裡正在開講一門叫做「孫中山思想研究」的課。也就是在這間教室，我旁聽了莊師的第一堂課。屈指算來，到現在已經十三年了。記得那時，因為年紀小，而且死記硬背的高中教育，讓我們對歷史、尤其是近代史的理解簡單而僵化，我對民國和國民黨人存在著許多偏見和誤解。而在剛入大學之時，能聽到一位臺灣老師，用不一樣的歷史觀和敘述方式來介紹中國近代那段歷史，對我而言，是非常具有啟蒙意義的。也就是從那時開始，我開始嘗試以一種全新的視角去審視歷史，並慢慢學會用更加多角度、也更加寬容的眼光去對待歷史。

　　短短幾個月的授課後，莊師便結束了在北京的行程，返回臺灣。而我因為對臺灣、國民

黨以及孫中山思想的興趣而與莊師保持住了
聯繫。這些年來，一直魚雁頻傳。而莊師後
來幾次來大陸講學或回鄉探親，我基本上都
在左右陪伴。

　　2003 年，莊師回到天津探親。那時北京正
因「非典」而大規模停課，於是我和當年一起
聽課的同學有機會來到天津，陪莊師在故鄉悠
遊了不少時日。那時，我們白天騎著腳踏車，
在天津城裡穿街過巷，品嘗各種小吃，也前往
文化景點；聊近代史，也聊中國文化。梁啟超
先生的「飲冰室」我就是那時初次造訪的。這
種二三好友，陪同老師，一邊悠遊一邊切磋學
問的方式是我以前從不曾經歷，以後也很少有
機會經歷的。現在中國的大學已越來越功利，
師生感情也更加淡薄，尤其很多理工科院系，
直呼老師為老闆，師生間只是知識的傳授（或
等而下之，連知識的傳授也沒有，學生只是老
師的廉價勞動力），而缺乏情感的溝通。而這
種尋常生活中的切磋交流，正是中國古代儒者
砥礪學問、熔鑄性情的關鍵所在。

　　2005 年，在我大學畢業前夕，莊師又一次
來到北京講學，那次，我不單在北京陪他參加

講座、交流學問心得，還陪同他前往外省參加學術交流，並在學術活動結束後陪他返回福建祭祖。莊師雖生於天津，但祖籍卻在福建閩侯。在返鄉祭祖的過程中，我見到了莊師留在福建的族人，也感受到了他對故土、對自己家鄉的一片殷殷之情。我想，正是這種感情，讓很多當年跟隨國府遷台的老人，在兩岸隔絕數十年之後，在前往大陸之門打開時，能夠不顧年邁體衰，返回故鄉，成為兩岸民間交流的先鋒和主體。

2005 年後，由於身體原因，莊師很少前來大陸，而我也因求學之故，負笈香港、日本。其中，只有我前往臺灣參加交流活動時，與莊師有簡單一晤。此後直到 2012 年，莊師在時隔多年之後再次在女兒的陪同下來大陸探親訪友，我們再未謀面。雖然見面的機會很少，但我和莊師間的音訊卻一直沒有中斷過。這些年裡，莊師雖身體狀況不佳，不能長時間讀書寫作，但仍利用可能的時間，將自己一生的經歷和學術成果加以整理、著述成冊，先後出版《孫文革命思想發展史論》、《臺灣高校與觀念論集》、《風雨八十年》等書。而所有這些，我

們都會通過電話聯繫。每有新作，莊師也都會
從臺灣寄來給我。加上以前大學讀書時期收集
的，我書櫃裡有半層都是莊師的著述。每當讀
到這些書時，大學時陪伴莊師一起，或講學、
或探親、或切磋學問的場景便會浮現在我眼前。

　　回到開篇時提到的《大江大海》，龍女士
說她想要敘述的是大時代裡小人物的故事。當
然有些小人物日後成為萬人矚目、左右時局的
大人物，比如馬英九先生。但，在當時，他們
都是被滾滾時代洪流所裹挾的普通人。如果我
們對歷史稍有認識，會發現，那代人的人生軌
跡和我們相比，是如此的不同。我們這代人生
長在長期的和平環境中，從小在動畫片和麥當
勞的包圍中長大，雖或有生活的壓力和社會的
浮躁與虛華，耳濡目染的卻是一個蒸蒸日上的
國家。而《大江大海》中所描述的那代人，也
就是莊師那代人，他們經歷的卻是戰爭、是饑
荒、是山河破碎、滿目瘡痍，從民國初年的軍
閥混戰、到八年抗戰，再到國共內戰和之後一
連串的軍事對峙。在連續的戰亂和流離中，生
命顯得那麼的微不足道，人權等詞語更是可有
可無。這個時代的人們，只有讓自己努力生存

下去，並盡可能在微茫的遠景中，給自己、也給國家闖出一條前路來。

莊師正是這樣的普通人，雖然祖上並不卑微，但到莊師幼時，已是家道中落。從一個貧苦的孩子，懷著熱血參軍，一路輾轉，終到臺灣定居；卻並不甘於一生如此，而是棄武從文，一步步苦讀上去，做到教授也拿到博士學位，執教半生，在老師的崗位上實踐著自己的人生理念。莊師的前半生，雖然身處一個紛繁變亂的大時代，對人生的走向、乃至自己的命運無法自主，只能跟隨時代的洪流，而終於能在變亂之中找到內心的堅守，並一步步將自己的夢想變為現實。及至暮年，乃更能在兩岸的交流和融合中發揮自己的作用，並提攜後學，薪火相傳。

從大學時的一次偶然相遇，到今天寫下這篇文章，我和莊師相識已是十有三年。作為晚學和後輩，我本早應為莊師寫點什麼，莊師也一直有要我協助整理回憶錄的想法。但總因海峽阻隔，加上我的疏懶，迄今無果。今天，看著這本從臺灣剛剛寄來，油墨尚新的《風雨八十年》，我再一次想起這十三年來和莊師相處

的一個個細節，雖然書中很多文章段落我之前都讀過，但看到這些文章集結成冊，完整地勾勒出莊師的一生浮沉，還是讓我心中百感莫名。在我們的師長身上，有太多的故事，還不曾為我們所知曉。而這些，都是等待我們去挖掘的。

　　現代史學有一個流派叫做「口述歷史」，其目的在於借由當事者的口述回憶，彌補史料記載的缺失。在大歷史中，許多普通人的生活對社會發展可能起不到推動或阻遏作用，他們只能被動地順歷史發展而行。但當時過境遷，我們去搜集他們的故事之時，會發現，這些「小人物」的生活，卻可以從側面反映歷史的真實。更何況，真正的歷史從來就不是僵死在圖書館或檔案庫裡的，而是每天都在活生生地上演、有血有肉的。而正是這千千萬萬的「人」的故事，讓歷史展現出他的原貌。

　　我相信，莊師一生豐富的經歷，以及他的這本《風雨八十年》，可以成為《大江大海》之外，對那個大時代的回憶的另一個側面。當然，我也希望莊師能寫出更加詳實、內容更加豐富的新作。在莊師日後新著的寫作時，若能躬執其役，我輩與有榮焉。

【作者著作】

《國父革命與洪門會黨》，正中書局，民國六
　　十九年（1980）九月初版。

《國父生平與志業》，中央日報社，民國七十
　　一年（1982）五月初版。

《孫中山家屬與民國關係》，正中書局，民國
　　七十八年（1989）六月初版。

《國父生活與風範》，臺灣師範大學，民國八
　　十四年（1995）一月初版。

《孫中山的大學生涯》，中央日報社，民國八
　　十四年（1995）十一月初版。

《國父暨革命群英小傳》，國父紀念館，民國
　　八十九年（2000）三月初版。

《孫文思想與政略》，國立編譯館，民國九十
　　年（2001）十二月初版。

《孫文革命思想發展史論》，國立編譯館，民
　　國九十六年（2007）六月初版。

《臺灣高校與觀念論集》，文史哲出版社，民
　　國一〇〇年（2011）元月初版。

《風雨八十年》，文史哲出版社，民國一〇二
　　年（2013）三月初版。

《當代名人傳略》，七海印刷有限公司，民國
　　一〇三年（2014）六月初版。

《孫中山先生最後的一百天》，唐山出版社，
　　民國一〇六年(2017)一月十五日初版。

莊政教授傳略

莊政教授，原名祥永，祖籍福建閩侯，先祖曾為晚清進士，父蔚蒼公曾任職民國外交、司法等部門，為人敦厚耿介，清廉自守。外祖李公兆珍，福建長樂人，同治舉人，嘗與嚴復、林紓結義，於清末民初歷任要職，曾為安徽省省長，以書法俊秀著稱；先生之母玉仙女士，即兆珍公鍾愛之幼女。

民國二十年，先生生於天津，其時家道已中落；九歲復遭父喪，大哥下落不明，二姐向親戚借錢買棺葬父，先生與母親、姊妹分住不同救濟院；十三歲喪母，稚齡小妹早夭；十五歲始離救濟院，曾為藥店學徒、路邊攤販，刻苦勤奮；十六歲從軍報國，從唐山、塘沽遷至上海等地。民國三十九年自舟山群島來臺，翌年入蔣故總統經國先生主持之政戰幹部訓練班，後入政工幹校，初進課堂，泫然欲泣，發憤學習，畢業後升任上尉、少校，轉作戰部隊服役。

先生雖身在軍旅，好學不輟。民國五十年參加高等考試，為文書組榜首，任軍事新聞通訊社記者，夜間在淡江文理學院中文系進修，其後轉任公職，五十八年考取臺灣師範大學三民主義研究所碩士班，研究國父革命與洪門會黨關係，六十四年獲碩士學位，講學上庠，七十九年獲頒教授證書。先生學不止步，以教授職銜再攻讀三研所博士班，師從李雲漢教授，勤苦攻讀數年，八十六年完成論文《孫文革命建國思想闡微》，獲政治學博士學位。

民國五十八年，先生與大學同窗申時方女士結縭。時方女士出身書香門第，父慶璧公困苦出身，自學有成，詩文俱佳，

為首屆國民大會代表，亦任淡江大學中文系榮譽教授，著述甚豐，化育英才無數。時方女士才德兼備，長期任教淡江大學中文系，與先生育有二女，長女宜君任教於豫章工商餐飲管理科，次女宜文任教於中央大學中文系。先生自幼失怙，孺慕終身，事岳父母至孝，撫子女以慈。

先生曾執教於國立臺灣師範大學、淡江大學、政工幹校、國防醫學院、中正理工學院、臺北醫學大學等。解嚴後開放大陸探親，先生心繫桑梓，飛馳故園，與大陸高校時有交流，曾於北京大學、北京師範大學、中國人民大學等多所高校開設專題講座，推廣孫中山思想，獎掖後進。

先生著述甚豐，計有《國父革命與洪門會黨》（七十年）、《國父生平與志業》（七十一年）、《孫中山家屬與民國關係》（七十八年）、《國父生活與風範》（八十四年）、《孫中山的大學生涯》（八十四年）、《追隨國父革命群英小傳》（八十九年）、《孫文思想與政略》（九十年）、《孫文革命思想發展史論》（九十六年）、《臺灣高校與觀念論集》（一○○年）、《風雨八十年——從小兵到教授的故事》（一○二年）、《當代名人傳略》（一○三年）等。勤於著書立說之餘，雅好品賞書畫國劇。

民國九十四年初秋清晨，先生因抑鬱憂國，與友人電聯之際，痛慨時局，突患中風，就醫手術後，長期復健不輟，雖在病中，時念家國，專志彙編舊著，欲盡傳平生所學。

民國一○五年，為紀念國父一百五十周年誕辰，欲出版《孫中山先生的最後一百天》。時先生已八十六高齡，日夜伏案，親編親校，迨翌年一月中，此書付梓不久，身體不適，入三軍總醫院檢查，經診斷與孫先生同罹患膽囊癌。纏綿病榻期間，猶惦念《孫文行誼考述》一書未出版，嘗問：「孫先生認識我嗎？」五月十七日天候突轉清朗，病房外藍天青山、日光金澄，先生彌留之際勉力睜眼望向妻女；待孫輩齊聚，於聖樂聲揚中安息主懷，距二月七日診斷罹癌，適滿百天，享壽八十有七。